图书馆建设与阅读推广研究

井 攀 夏柳飞 侯 潇 著

吉林摄影出版社

·长春·

图书在版编目(CIP)数据

图书馆建设与阅读推广研究 / 井攀,夏柳飞,侯潇著.--长春:吉林摄影出版社,2024.6.--ISBN 978-7-5498-6237-5

Ⅰ.G25

中国国家版本馆 CIP 数据核字第 2024ZJ4653 号

图书馆建设与阅读推广研究
TUSHUGUAN JIANSHE YU YUEDU TUIGUANG YANJIU

著　　者：井　攀　夏柳飞　侯　潇
出 版 人：车　强
责任编辑：罗　晗
封面设计：豫燕川
开　　本：787mm×1092mm　1/16
字　　数：137 千字
印　　张：10.25
版　　次：2025 年 1 月第 1 版
印　　次：2025 年 1 月第 1 次印刷

出　　版：吉林摄影出版社
发　　行：吉林摄影出版社
地　　址：长春市净月高新技术产业开发区福祉大路 5788 号
　　　　　邮编：130118
电　　话：总编办：0431－81629821
　　　　　发行科：0431－81629829
印　　刷：北京银祥印刷有限公司

ISBN 978-7-5498-6237-5　　　　定　价：65.00 元

版权所有　侵权必究

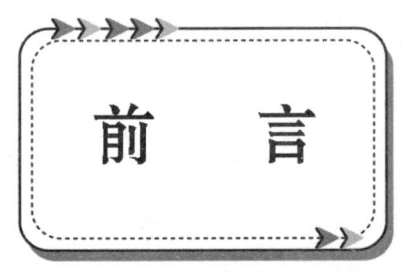

前言

图书馆是社会文明进步的标志,为个人和社会群体的终身学习、独立决策和文化发展提供了基本条件。近年来,阅读推广越来越受到全社会的重视,同时也成为图书馆最引人注目的服务之一。我国图书馆在阅读推广事业中起到了重要的作用,在其逐步发展中也呈现出良好的发展态势。图书馆阅读推广是通过全面感知、智能识别读者的阅读特征及其需求,自动设置推广目标及方法,向读者传递与之相匹配的阅读资源,并通过实时跟踪、监控记录阅读全过程及成果,实现个性化推广支持的过程。

智慧技术在图书馆阅读推广服务中的运用可以实现智慧环境的创设,对于引导阅读体系的多元化发展来说至关重要。尤其是在当前智能设备不断涌现、人们越来越依赖智能终端的情况下,基于这种智能技术可以实现读者与图书馆之间的交互,确保读者能够更加便捷地获取图书馆的信息资源,使生态阅读环境得到构建,引导更多的读者融入阅读活动。

图书馆建设与阅读推广活动任重道远,一方面,图书馆既要做好数字资源的建设,加强数字资源与传统阅读相结合,对数字资源进行相应的管理与检索平台的搭建。另一方面,还要对阅读推广方式推陈出新,借助新媒体等网络平台,与读者形成线上线下积极友好的互动模式,图书管理人员也要相应地提高自身的检索与服务能力,完善对读者的服务态度,充分利用现有的数字资源,提高数字资源的利用率,这样传统与数字资源的相互渗透,为读者搭建全方位立体式空间阅读,营造良好的数字化阅读环境,激发读者的阅读兴趣,培养读者良好的阅读能力,进而实现全民阅读的新形势、新发展、新气象。

　　作者在撰写本书的过程中,借鉴了许多前人的研究成果,在此表示衷心的感谢。本书还存在着许多不足之处,恳请前辈、同行以及广大读者提出宝贵的意见。

目 录

第一章 图书馆阅读推广的理论基础 1
  第一节 图书馆的概述 1
  第二节 图书馆阅读推广概述 7
  第三节 图书馆阅读推广的文化内涵 16
  第四节 图书馆阅读推广活动研究 18

第二章 图书馆资源建设管理 21
  第一节 图书馆资源的概述 21
  第二节 图书馆文献资源建设 24
  第三节 图书馆信息资源建设 29

第三章 数字图书馆的建设与发展 50
  第一节 数字图书馆概述 50
  第二节 数字图书馆个性化主动信息服务 54
  第三节 数字图书馆知识服务能力建设研究 58
  第四节 数字图书馆的建设模式研究 64

第四章 智慧图书馆建设研究 68
  第一节 智慧图书馆概述 68
  第二节 智慧图书馆建设的技术支撑 73
  第三节 智慧图书馆的建设与发展 77

第五章 公共图书馆的建设 81
  第一节 公共图书馆概述 81
  第二节 公共图书馆的建设与管理 83

第三节　公共图书馆读者服务体系的构建 …………………… 87

第六章　图书馆阅读推广的理论研究 …………………………… 107
　　第一节　基于传播学的阅读推广 ……………………………… 107
　　第二节　基于心理学的阅读推广 ……………………………… 115
　　第三节　基于教育学的阅读推广 ……………………………… 125
　　第四节　基于建筑学的阅读推广 ……………………………… 130

第七章　图书馆阅读推广创新研究 ……………………………… 138
　　第一节　区域图书馆阅读推广 ………………………………… 138
　　第二节　利用新媒介促进图书馆阅读推广 …………………… 146
　　第三节　人工智能阅读与图书馆阅读推广 …………………… 150

参考文献 ……………………………………………………………… 156

第一章 图书馆阅读推广的理论基础

第一节 图书馆的概述

一、图书馆的历史背景

随着科学技术的迅速发展,图书馆进入一个新的发展阶段——现代观念的图书馆,这是图书馆性质和职能的又一次重大变革。在新的时代背景下,由于知识的爆炸性增长,大大冲击了作为人类社会知识交流中心的图书馆。知识已成为一种国家资源,在经济发展、科技进步以及国际竞争中起着关键性作用。所有这一切都向传统图书馆提出了严峻的挑战——如何有效地汇集人类创造的知识信息,怎样及时加工整理数量庞大的图书文献,以便快、精、准地向社会传输知识信息已成为图书馆在其发展道路上面临的重大课题,给图书馆的生存和发展带来了严峻的挑战。

为了迎接这种挑战,图书馆必须从观念到技术手段进行一场全新、全面的变革。促成这一变革的直接动力是现代科学技术在图书馆的广泛应用。电子计算机技术、现代通信技术以及互联网技术应用于图书馆,改变了知识存储的形式、获取知识的手段及其传播的方式,为图书馆的自动化和便捷化提供了物质和技术条件。现代技术改变了图书馆的形象,图书馆由近代进入现代的发展阶段。

纵观图书馆发展的过程,可以得出这样的结论:第一,图书馆作为一种社会文化现象,它随着文字记录的出现而产生,又随着人类社会实践活动的发展而不断地变革和发展。第二,图书馆的产生大大促进了社会交流。图书馆以其搜集和保存的功能聚集了自古迄今人类创造的精神文化产品,以其传播和提供服务的功能使知识扩散到社会的各个阶层,传递给广大人民群众,成为社会知识的"收发地",是人类知识继承和发扬的有效工具。第三,图书馆的发展受制于社会:社会经济制度确定了图书馆的性质和服务方向;社会的生产力水平、教育的普及程度和科学技术的发展进步决定了图书馆的发展速度、规范和方向。第四,图书馆是个不断生长的有机体,在生产实践和科学技术发展的驱动下,其本身的活动内容和社会职能具有动态变化的特性,从最初的以收集和存储文献为主的形态逐渐向以充分利用文献为主的形态演变。正是这种"自身调节"的适应性,才使得图书馆不断地发展和壮大。

随着互联网的快速发展,人类社会的信息交流渠道不断地增加,图书馆作为社会信息交流中心的地位被大大削弱。但是人类社会与文明的进一步发展是建立在继承人类既有的科学技术、文化、经济等成果的基础之上,而图书馆正是人类文明在时间和空间中得到传承的不可或缺的中介性机构。在知识经济时代,知识、信息成为社会发展最重要的资源,知识管理、信息资源管理具有重要的意义,作为社会信息资源管理机制最重要的组成部分之一的图书馆将继续发挥其不可替代的作用。因而,图书馆将在信息社会中长期存在并持续为社会信息资源管理做出巨大贡献。

二、图书馆的发展

(一)图书馆的发展现状

现代技术在图书馆中的应用有一个从低级向高级的发展过程。高新技术还在不断地发展,这些现代技术是以计算机技术为核心的有机结合,将使电子图书馆成为现实。

作为信息行业的重要组成部分的图书馆,由于文献数量的急剧增长和读者要求的日益提高,传统的工作方式已很难适应工作的需要,因而很自然地引进并应用了有关的新技术。被应用于图书馆的现代技术主要是电子计算机技术、通信技术、存储技术、文献复制技术、文献保护技术、监测技术、自动化传送技术等。

我国图书馆应用计算机是从1976年开始的。20世纪80年代初,我国图书馆界提出要从传统图书馆向现代化图书馆过渡以来,微型计算机的迅速发展和汉字信息处理的突破性进展推动着图书馆现代技术的应用,并取得了较快发展。目前,声像技术已被普遍应用,计算机技术经过了准备和试验阶段,正在向实用化发展,图书馆自动化集成系统等新技术也正在引进发展中。

我国图书馆事业以其不平凡的经历创造了一系列的辉煌。经相关机构公布的资料统计,我国图书馆事业的迅速发展情况如下:

1. 公共图书馆

伴随我国经济实力的增强和科学技术的发展,公共图书馆的发展日益受到重视。越来越多公共图书馆的构建标志着我国公共图书馆事业取得了长足的进步。

2. 高等院校图书馆

少年是一个国家的未来,而图书馆就是浇灌这些国家未来的甘露。经过数年的努力,高校图书馆的总数早已超过千家,还包括各类成人高校图书馆、中专图书馆、技校图书馆、各级党校图书馆,这些院校图书馆也都有着长足的进步与发展。

3. 基层图书馆

基层图书馆是指乡镇图书馆、城市街道图书馆、社区图书馆、工会图书馆、少儿图书馆和中小学图书馆,它们直接面向基层为广大民众服务。自建馆以来,基层图书馆已呈蓬勃发展之势。自"万村书库工程"后,村图书馆越来越多,它们为农村乡民阅读提供了极大的便利。随着城市住宅小区的建设,社区图书馆也在兴起和发展之中。

4. 科学和专业图书馆

科学和专业图书馆主要是指中国科学院、中国社会科学院系统的图书馆,中央国家机关、各部委研究院(所)所属的图书馆,国家一级总公司下属研究院(所)所属的专业图书馆,这类图书馆现在的总数已经成倍增长。

图书馆基本建设的步伐很快,新建或扩建馆舍如火如荼、方兴未艾,新建馆舍使图书馆工作条件和对外服务条件有了明显改善。有些图书馆现已成为国家或某城市的标志性文化设施。图书馆硬件设施的改善,极大地增强了图书馆的综合服务能力,提升了图书馆的公众形象,使图书馆成为教育、文化和信息事业的一支活跃的力量,而且也为图书馆在21世纪的可持续发展打下了坚实的基础。

(二)现代化手段在图书馆发展中的应用

现代化的图书馆主要通过现代化的科技手段对图书馆进行完善,现代化的手段在图书馆的应用主要体现在以下方面:

1.计算机技术的应用

计算机技术被认为是当代信息技术的"心脏",在图书馆现代技术中处于主导和核心地位。目前图书馆业务工作中的文献采购、编目、流通、标引、检索、连续出版物管理、索引编制、参考咨询和图书馆内部管理等都不同程度地使用了计算机,并通过计算机实现联合编目、馆际互借等,出现了多种图书馆自动化系统,使图书馆工作不同程度地摆脱了手工操作方式,把图书馆工作人员从烦琐、枯燥的劳动中解放出来,大大提高了工作效率和工作质量;还使得图书馆有可能开发新的、灵活多样的服务项目,如联合编目;计算机技术所提供的快速、详尽和准确的多种统计数字,能迅速、及时地为图书馆领导决策提供坚实的基础。不仅如此,计算机对于其他现代化设备还起着控制、联结和转换的作用,使图书馆的各种现代化设备结合成一个有机的整体,以充分发挥它们各自的优越性。

2.通信技术的应用

这里的通信技术指的是基于网络化、电子化的现代通信技术。传统通信技术的主要功能是沟通信息,现代通信技术系统以计算机为核心,再加之其他高新技术如光纤通信、卫星通信等,因而除沟通信息之外,还具有分配信息、管理信息和信息咨询等功能,工作效率和工作质量被大大地提高了。

现代通信技术应用于图书馆后,把一个图书馆的各个部门和它们的计算机联结成一个整体,也把各个图书馆联结成图书馆自动化网络。而各种形式的信息如声音、文字、图像等都可以利用现代通信技术进行准确、高速地传送。在这种情况下,馆际互借可以迅速地进行,而且这种互借是可以脱离文献载体的。

3. 我国图书馆的相关技术应用

不同的时代,图书馆承载着不同的功能。现代化社会,对于图书馆有了不同的要求,传统的图书馆模式已经完全不能满足人们现在生活的需要。自20世纪80年代开始,随着科学技术的发展,我国图书馆也加快了自身现代化的进程。

各种现代技术,如缩微技术、声像技术、计算机技术、网络技术、光盘技术、多媒体技术、数字化技术等在图书馆得到广泛地推广应用,从而促使我国图书馆的面貌发生了深刻的根本性变化。

(1)缩微技术的应用

早在20世纪70年代,我国就有图书馆开始应用缩微技术。随着全国公共图书馆缩微复制中心的成立,全国省、市图书馆先后设立了缩微点,缩微中心还为各地缩微点装备了成套缩微设备,帮助培训人员对古籍善本、老旧报纸期刊等珍贵资料有计划地开展拍摄工作,拍成的缩微品经中心检验,合格品的母片由中心保存。

(2)声像技术的应用

声像技术在20世纪80年代后期,在我国图书馆中也普遍得到应用,一般大中型图书馆都普遍购置了视听设备和视听资料,开辟了视听阅览室、多媒体光盘阅览室。

(3)计算机技术的应用

计算机的应用发端于20世纪70年代中期,中国科学院图书馆、北京图书馆分别成立了计算机开发和应用专门机构。在此之后,北京高校图馆、深圳图书馆等也相继建成类似机构,从事计算机管理、文献检索、图书馆办公自动化等方面的研制、引进、推广等工作。

(4)网络技术的应用

图书馆管理网络技术的应用,在目前我国的图书馆里非常普遍。经过多年的发展,我国图书馆已经由管理自动化逐步进入网络发展阶段,先是局域网,如中关村地区图书馆信息网、医学系统的文献信息网、中国教育科研计算机网络等。这些网络系统的建成为图书馆网上互访创造了条件,现已发展到与国内、国际主要信息网络互联,实现图书馆在网络环境下的管理与服务。

(5)光盘技术的应用

光盘技术的应用对图书馆的数据存储具有划时代的意义。我国一些大中型图书馆,多年前就一边从国外引进 CD-ROM 数据库,一边着手自建数据库或购买国内数据库。

(6)多媒体技术的应用

多媒体技术的应用使得现代化的图书馆又上了一个新的台阶,是未来图书馆的发展方向。多媒体技术在图书馆的应用,就是提供多样化媒体的图书馆,相较于传统图书馆主要提供平面印刷媒体,多媒体图书馆所提供的媒体形式包含印刷媒体、视听媒体、电子媒体、连线数位媒体等。多媒体图书馆可以算是图书馆的一种,现今的图书馆已走向提供多媒体资讯的趋势。

图书馆事业在我国的发展取得了长足稳定的进步。而随着基于互联网的相关现代化技术在图书馆建设中不断得到了广泛的应用,图书馆的发展也获得了历史性的突破。图书馆通过现代化技术,声情并茂地让客户体验在图书馆阅读的乐趣。现代化的存储技术让图书馆的信息查询变得相当简单,而信息查询只是一个初级功能,如何让人们在阅读过程中享受到最好的服务才是现代化图书馆发展的一个明确方向。

第二节　图书馆阅读推广概述

现如今,人们主要是通过阅读来获取外界的信息与知识,同时,阅读也成了人们相互之间的一种特殊的交流方式,对此也引起了国家的高度重视。图书馆作为阅读的一个重要场所,其最主要的一项工作就是进行阅读推广。我国图书馆的阅读推广工作不管是在理论上还是实践上,都已经取得了一定的成绩与效果,可是仍然还存在着或多或少的问题与不足。所以,必须对图书馆的阅读推广理论与实践进行仔细的分析与探讨,对存在的问题提出相应的解决措施,这样才能真正提高图书馆阅读推广理论与实践的水平。

在平时的生活当中,阅读可以使人们的精神生活变得更加丰富,也可以使人们的思维方式得到改善,同时还能够使自身的知识结构得到有效的调整。图书馆丰富的馆藏不但能够为人们提供更多的研究资料,读者还可以在众多的藏书当中寻找到对待生活的正确态度及做人的基本原则,因此,图书馆已经成为提升国家人才的专业技术的一个重要的阵地。可是,近些年全国人民的阅读比例正在呈现下滑趋势,这使得图书馆阅读推广的责任日益明显,所以,对图书馆阅读推广理论与实践进行研究的意义就显得非常重要了。

一、图书馆阅读推广的作用及方法

图书馆阅读推广是指图书馆经过精心的策划,把读者的注意力从众多的、海量的馆藏逐渐引导到最小范围内,并且最具有吸引力的馆藏上,最终使图书馆馆藏流通量及利用率得到有效提高的一种活动。

(一)图书馆阅读推广的作用

1. 确定要素

图书馆阅读推广的定义基本上可以分为聚焦和创意两种。聚焦是图书馆阅读推广的一项最基本的原理,如果把图书馆中所有的馆藏都推荐给读者,读者会很难找到重点,这样的效果等于零,所以一定要聚焦到对读者有吸引力的馆藏上面。而作为有吸引力的馆藏,有些是相对于馆藏本身而言,还有一些则是馆藏本身不具有吸引力,而是通过策划及创意使馆藏具有吸引力。

2. 划定对象

图书馆阅读推广的对象一定得是图书馆自己的馆藏,对那些不是自己的馆藏,一般是不能够进行推荐的。馆藏基本包括现有馆藏、未来馆藏、延伸馆藏、门径馆藏四个类别。

3. 理解成功

实际上每一项阅读推广都算是成功的,只是成功有的大,有的小。所以,也可以理解为:只要是对提高图书馆馆藏利用率和流通率有利的阅读推广,都算是成功的阅读推广。

(二)图书馆阅读推广的方法

1. 普法阅读推广

这是一种最容易、最普及,也是最基本的一种阅读推广,其策划的色彩也是最淡的,只需要图书馆员把公认的好书推荐给读者就可以。例如,把历史较为悠久的"镇馆之宝"放在图书馆的玻璃柜中进行展出,就算是一种普法阅读推广。

2. 推法阅读推广

这种阅读推广只对那些新文献、睡眠文献、陌生的文献较为合适。与普法阅读推广相比较而言,推法阅读推广的难度要更高,策划的色彩也更加浓郁,这主要是由于这类文献的吸引力需要图书馆员自己去发现和创造,而文献本身并不具备。

3. 撞法阅读推广

撞法阅读推广是指通过物理的形式或气质特征来最终选出一批混合型主题的馆藏图书进行推广,这种阅读推广适用于需求较为模糊的文献。撞法阅读推广可以通过借图、借声、借影、借演这四种方式来进行。

二、图书馆阅读推广的措施

(一)国家需要制定相应的法律政策进行指导

很多图书馆都是由于缺少相应的法律政策进行指导,其阅读推广活动都无法达到预期的效果。所以,只有国家制定并出台相关的法律政策进行正确的指导,才能够避免图书馆出现由于缺乏正确指导而在阅读推广工作的具体实施过程中,缺少统一方向及措施的情况。

(二)对图书馆阅读推广的理论进行更加深入的研究

在对图书馆阅读推广理论进行研究的过程中,对开展阅读推广的主要依据及当中所反映出来的教育学原理都需要进行深入而又仔细地分析,对图书馆应肩负的阅读推广责任更要进行深入研究,必要时,可以通过借鉴相关学者的正确经验及观点,使读者可以自愿并积极融入图书阅读的队伍当中,还能够为图书馆员提供正确的阅读推广方向,以此来增加图书馆阅读推广活动人员的信心。

(三)不断扩大图书馆资金投入的来源范围

图书馆要想更好地进行阅读推广活动,就需要国家加大对图书馆阅读推广活动资金投入的力度,图书馆也要寻找更多资金来源,以此来更好地完成。例如,可以通过平时进行一些展览活动,以此来获得与出版商及卖书方的合作机会,还能够起到对图书馆自身进行宣传的效果。

(四)调查阅读人群并提高图书馆员的整体素质水平

首先,图书馆的阅读推广活动不能只是趋于形式化,不要只考虑人力、物力、财力的支出情况,更多的还是应该进行资源的合理配置,通过对阅读人群进行详细的调查,可以在针对性进行较少的成本投入的同时,取得最大的经济和社会效益,使图书馆阅读推广活动能够满足更多读者的不同要求。其次,图书馆要在平时通过各种专业培训,以及制定相应的奖惩制度来提高图书馆员的整体素质水平,这样才能使图书馆员更加专业、更加热情地为读者进行面对面服务,积极投入到图书馆的阅读推广活动当中。

阅读推广是保证公众阅读权益不会受侵害的基础和前提,同时,也是实现全民阅读、优质阅读,最终体现公平、公开、公正的阅读价值观,构建一个文明社会的重要途径。现如今,世界各国都已经把阅读推广提上了自己国家的日程,所以,也要认真分析、研究图书馆阅读推广理论与实践的意义,找出存在的不足,并制定针对性的解决措施,不断提高图书馆员的整体素质,实现图书馆阅读推广的多元化和创新化,只有这样,才能够促进我国全民阅读时代早日到来。

三、图书馆阅读推广规范

随着我国经济的发展和人民生活水平的提高,人们对知识的渴望越来越强烈。阅读是人类认知的重要途径,通过阅读,能有效获取各类知识,增强文化素养,促进自身的全面发展。全民阅读能有效提高中华民族的整体文化素质,并为中华民族伟大复兴提供文化助力。因此,有必要加强图书馆阅读推广,推动全民阅读的常态化。图书馆在阅读推广活动中具有诸多优势,其公益性特征要求其积极承担阅读推广的责任。图书馆要充分利用自身的阅读资源,通过有效地阅读推广,满足全民阅读的需求。

对图书馆阅读推广进行规范,有利于实现图书馆使命,发挥图书馆优势,促进图书馆转型。对图书馆阅读推广规范的内涵进行了解读,对图书馆阅读推广进行规范管理,使之朝着制度化、系统化、标准化、科学化的方向发展,兼具理论价值与实践指导意义。我国有必要尽快开启图书馆阅读推广规范研究,从制度性规范、实施性规范、监督性规范和技术性规范着手,构建图书馆阅读推广规范体系。

(一)图书馆阅读推广规范的必要性

第一,有利于实现图书馆使命。图书馆是保障文献信息资源合理分配的制度安排,以保障公民文化权利(包含阅读权利)为基本职能,以为公众提供平等的公共文化服务和终身教育为使命。对图书馆阅读推广进行规范,有助于图书馆阅读推广活动的组织、开展和实施,提升图书馆服务水平,实现图书馆保障公众平等获取文献信息权利和终身教育的目标。第二,有利于发挥图书馆优势。图书馆作为保存、组织、传播文献信息的专门机构,具有成熟的文献信息服务理念、完备的文献信息保存和组织方法、便利的空间场所和设备设施、专业的人才队伍。尤其是专业的文献信息采集、整理、组织、挖掘工具和方法,能够准确把握文献信息的基本规律,深入、系统、科学地对文献信息中隐含的知识进行组织和挖掘,间接地影响读者的阅读选择、阅读兴趣、阅读行为和阅读能力。图书馆作为阅读推广的前锋,其优势是其他组织无法取代的,这也是图书馆的核心竞争力所在。对图书馆阅读推广进行规范,有利于明确图书馆在各类阅读推广机构中的主体地位,发挥图书馆在文献信息方面的专业性、权威性优势。

(二)图书馆阅读推广技术性规范

1. 应用新媒体技术

随着信息技术的应用与读者数字资源的需求的不断增长,图书馆阅读推广活动不能仅采用传统的活动宣传手段和服务推广方式,应加大与阅读推广相关的新技术、新载体、新设备的开发与应用力度。图书馆在阅读推广的过程中,应注重运用新媒体技术手段,扩大受众范围、丰富形式载体、增强实施效果、深化内容深度。图书馆阅读推广的重点是通过深入阅读推广客体的内容,把握文献中知识的运动规律,挖掘其中的信息点和知识点,实现由传统服务向智能服务、资源推荐向知识推荐转变,最大限度地发挥文献信息资源的价值。

2. 制定阅读推广专门法和相关法律

应加快构建全民阅读(阅读推广)法律法规保障环境体系,通过立法保障图书馆阅读推广的开展与实施。应明确和阐释全民阅读的基本原则,强调图书馆作为阅读推广重要主体的地位,对具体操作事项做出相应规定,为图书馆开展阅读推广活动提供保障和支撑。此外,阅读推广相关法中应加入整体性评估标准和绩效评估等内容,以检验评价实施情况。

3.完善阅读推广效果评价机制

阅读推广活动只有坚持理论指导,并通过实践活动来逐步完善。每次阅读活动以后,问卷调查设计、研究与分析、效果评估是阅读推广活动的不可或缺的一个环节。只有通过每次阅读活动的调查与分析,才能总结经验,才能了解读者潜在的需求,进而为下一次的阅读推广活动做指导。

4.形成图书馆阅读推广操作规范

阅读推广工作的流程化与规范化是图书馆阅读推广实施性规范的重要内容之一,应对阅读推广进行项目管理或过程管理。图书馆开展阅读推广活动要有严谨完善的活动策划、充分的前期准备、及时的宣传报道、有效的实施流程以及长期的活动支持。只有阅读推广业务内容明晰、业务流程规范、业务操作有章可循、有规可依,才能保障图书馆阅读推广活动的质量与效果。此外,图书馆员应负起指导阅读的责任,对读者的阅读进行专业引导。

在当前全民阅读的环境下,图书馆阅读推广规范的全面建立势在必行。虽然目前来看,建立完整的图书馆阅读推广规范体系尚需较大努力和较长时间,但是一定要掌握好"度"的问题。图书馆阅读推广规范应充分运用文献信息学的理论、方法、技术,加强对阅读推广实践的指导,通过规范更好地推动图书馆阅读健康、良性、长远地发展。

四、图书馆阅读推广的机制

(一)完善图书馆阅读推广的政府财政投入机制与法规体系

1.完善图书馆阅读推广的政府财政投入机制

无论是高校图书馆还是各级公共图书馆,主要经费都来源于政府的拨款,这是各级各类图书馆得以正常运行的重要财力保障。图书馆的阅读推广活动需要以政府的财政支持为基础,因为阅读推广活动的开展需要购置阅读推广资源,如阅读物、阅读推广场地、阅读推广设备等。鉴于上述因素,政府需要对各类图书馆拨付足额的资金,以保障图书馆能够正常运转,同时不断地提升图书馆的办馆实力,提高图书馆的办馆水平,为其开展阅读推广活动奠定基础。政府有必要为图书馆拨付阅读推广专项资金,专门用于图书馆开展阅读推广活动,此项资金的拨付是动态、可持续的,可根据图书馆所提供的年度阅读推广报告或针对图书馆某一项阅读推广活动进行追加或削减,并严格监督该项基金的使用。

2. 健全图书馆阅读推广的法规体系

为规范图书馆的阅读推广活动,政府应逐步完善与图书馆阅读推广活动相关的法规,使图书馆的阅读推广活动有法律的规范和监督。完善相关法律法规既有助于实现和保障公民的阅读权利,也是图书馆开展阅读推广活动的法律依据。因此,我国应加快与图书馆阅读推广相关的国家标准与行业标准的制定工作,建立健全图书馆阅读推广的法律法规体系。

3. 健全图书馆阅读推广的长效机制

图书馆有必要建立阅读推广的长效机制,对阅读推广活动进行科学规划,使阅读推广活动具有延续性,形成规模效应和品牌效应,吸引读者参与,获得读者的支持,最终在阅读推广服务中促进各类文献信息资源的高效利用,为读者创建良好的阅读平台,并将阅读推广的各构成要素联系起来,使它们协调运行,充分发挥作用。

(1)设立图书馆阅读推广部门

图书馆的阅读推广工作必须常态化,图书馆应设置阅读推广部门及安排专职人员负责阅读推广活动,以保障阅读推广活动能够持续、科学地进行。另外,图书馆还可以根据每次阅读推广活动的内容,聘请相关专家参与活动并进行指导,如在举办心理健康方面的读书交流活动时,图书馆可以聘请高校艺术设计专业和心理学专业的教师和学生;对宣传展板的设计及交流活动的内容进行指导和点评。

(2)加强图书馆阅读推广专业人才的培养

图书馆必须重视阅读推广专业人才的培养,采取灵活多样的措施推动我国图书馆阅读推广从业人员专业化。有条件的高校图书馆可以开设相关的阅读推广专业课程,或举办各种形式的阅读推广培训活动;图书馆应定期或不定期举办各类阅读推广研讨会,为阅读推广人员提供更多的交流机会。图书馆还应为阅读推广人员提供更多的学习机会,邀请专家学者为阅读推广人员讲授相关的阅读推广知识,提高他们的综合专业素质等。

(3)加强馆藏资源建设

图书馆的馆藏信息资源是其开展阅读推广活动的重要保障,包括纸质文献和电子文献。其中,纸质文献是图书馆传统馆藏资源的重要组成部分,包括各类书籍、期刊、报纸、地图、照片、画册、手稿等。纸质文献是图书馆最基本、最常见,使用频率相对较高的文献资源,与图书馆的数字资源相比,它的使用门槛相对较低。因此,图书馆必须进一步加强纸质文献资源的建设。随着网络的普及,电子资源在图书馆的馆藏资源中所占比重日益加大,与传统纸质文献相比,电子资源具有使用便捷、占用空间小、容量大、保存时间长等优点,因而日益成为重要的阅读推广媒介。因此,为使图书馆的电子资源更加丰富、利用效率更高,图书馆应购买各种形式的电子图书,如缩微胶卷、缩微平片、缩微文献合集、录音带、激光唱片、MP3、LD 视盘、VCD 视盘、VHD 视盘、DVD 视盘等。

4.建立图书馆阅读推广的研究机制

阅读推广工作是一项学术性极强的活动,图书馆需要对其进行全面研究,进而发现其规律,并提升对其规律认识的深度与广度。因此,图书馆界应建立相应的研究机构,不定期召开阅读推广学术研讨会等,多角度推进图书馆阅读推广活动的有效开展。

(二)建立健全图书馆阅读推广的监管与评价机制

1.完善图书馆阅读推广的监管机制

政府应推动图书馆阅读推广监管体系不断趋于完善,使阅读推广活动面向社会,接受社会各方面的监督。图书馆也必须对其所开展的阅读推广活动加强监管,增强阅读推广工作的透明度,降低因信息不透明所造成的影响,避免由于开展阅读推广活动造成的资源浪费。政府在对图书馆的阅读推广活动进行监管时,要加强对其重点领域的监管,尤其是对图书馆的阅读推广专项资金的监管,使其做到专款专用。

2. 建立图书馆阅读推广的评价机制

建立图书馆阅读推广的评价机制包括制定阅读推广的评价标准和全面评价阅读推广的效果。一项阅读推广活动结束时,图书馆应参照一定的标准对该活动进行评价,判定活动效果,分析活动的不足和成功之处,及时公布活动结果,接受社会各界监督。图书馆全面、深入地评估每一次阅读推广活动投入的时间、人力、财力、物力、合作单位以及取得的效果和不足等,可以为以后的阅读推广活动提供参考。图书馆举办阅读推广活动以提升民众的阅读素养为最终目的,应重视对阅读推广活动效果的评价。图书馆对阅读推广效果的评价不仅应长期进行,还应对图书馆阅读推广效果的评价加以细化,评价效果的时间包括月评价、季度评价、年度评价,评价效果的范围包括整体评价与部分评价等。

(三)加强图书馆阅读推广环境设施的建设机制

1. 营造良好的阅读环境

良好的阅读环境有利于读者进行阅读,这就要求图书馆在组织阅读推广活动时必须重视营造良好的阅读空间。图书馆是阅读推广活动的主要场所,是读者阅读行为发生的地方,优美的图书馆馆舍布局有助于培养读者的审美能力,促进读者更深层次的精神交流与沟通。图书馆的阅读环境包括外部环境和内部环境,图书馆的外部环境包括图书馆建筑及其周边环境。图书馆作为一个地区或一所大学的标志性建筑,其建筑外观应具有时代感,富有艺术魅力,充满人文气息,体现精神家园的功能,这有助于塑造读者的美好心灵以及构筑读者美好的精神世界。同时,图书馆还应加强周边环境的绿化。绿化可以减少尘埃、降低噪声、清新空气,营造生机勃勃的氛围,使读者流连忘返,沉浸于知识的海洋。图书馆是读者阅读的重要场所,也是阅读推广活动的主要场地。图书馆应高度重视其内部阅读环境的营造,内部设计应体现人文关怀,如安装无障碍电梯、扶手或特殊走道以方便特殊人群;整齐摆放书籍、期刊、杂志等,并定期对它们进行杀菌消毒,以保障读者的身体健康;在阅览区、研习室、读者休息区等场所配置沙发、投影仪、空气净化器等,为读者营造温馨、舒适、优雅的阅读环境。

2.完善基层图书馆的基础设施建设

目前,我国的基层图书馆建设已经取得了一定的成绩,初步建成了覆盖全国的公共文化服务体系。基层图书馆在阅读推广活动中发挥着重要的作用,拥有广大的阅读群体。图书馆的服务有一定的辐射范围,平均每一万人应拥有一所图书馆。相较于城市图书馆,基层图书馆的基础设施相对落后,这影响其服务覆盖范围与辐射能力。因此,基层图书馆若想提高阅读推广效果,就必须改善基础设施,积极落实相关政策的要求,达到国家建设标准。基层图书馆在推进阅读推广资源设施建设的过程中,要高度重视网络设施的建设,加强乡、镇、社区图书馆(室)及服务网点的网络设施建设,推进流动图书馆阅读推广设施建设,与农家书屋联手向农村地区提供基本的公共文化服务,形成比较完备的覆盖乡、镇、社区图书馆(室)的阅读推广设施网络建设。另外,基层图书馆还应加快推进阅读推广数字化建设,以阅读推广文化共享工程、数字基层图书馆阅读推广工程、公共电子阅览室建设计划等项目为抓手,大力推动全民阅读推广工作。

第三节 图书馆阅读推广的文化内涵

阅读是人类社会存在的普遍现象,人们通过阅读学习知识,传承文化,图书馆则是人类阅读的一个好场所。图书馆阅读推广能够促进人们逐渐养成阅读的好习惯,从而提升整个社会的文化素质,进而不断提高我国整体文化水平。

人类需要通过不断学习、阅读来充实自身的文化知识储备,图书馆有着丰富的图书资源,是获取知识的最佳场所之一。图书馆通过阅读推广可以引导人们养成阅读的好习惯,提升人们的文化修养,进而推动我国整

第一章　图书馆阅读推广的理论基础

体文化的发展。图书馆通过阅读推广活动能够吸引很多读者进入图书馆进行阅读,从而提升了图书馆的影响力,因此,图书馆进行阅读推广蕴含着非常丰富且影响力巨大的文化内涵。

一、图书馆阅读推广的含义及特点

阅读本身就具有非常丰富的内涵,随着经济的快速发展以及时代的不断进步,阅读的含义也在进一步地扩展、延伸。图书馆在阅读推广的过程中也采取了多种推广方法与手段督促我国公民进行阅读。图书馆进行阅读推广的活动,大多是依靠政府部门、图书馆协会等组织,从专业化视角进行推广。总的来说,当今我国图书馆阅读推广活动进展得非常顺利,促进了我国公民整体文化素质的提高。

二、图书馆阅读推广的内涵分析

(一)图书馆阅读推广有助于社会文化的提升

我国大部分图书馆都进行了很多阅读推广的活动,图书馆凭借自身丰富的阅读资源等特性,具有开展推广阅读的责任。随着时代的发展,国家对社会公民的阅读情况越来越重视,公民的学习需求也随着社会的发展而逐渐提高,这些都有助于图书馆阅读推广活动的开展,提升公民的阅读量,改善公民的阅读习惯,进而满足公民储备知识的需求,在全民阅读的时代下,进而提升社会文化的觉醒。图书馆在进行阅读推广时,积极开展阅读活动,提高了整个民族的文化素质,进而提升了国家文化核心竞争力。

(二)图书馆阅读推广有助于培养公民的文化责任

图书馆构成了公共文化体制的重要环节,顺应了经济和时代的发展,有助于完善社会文化的根基。图书馆在进行阅读推广时要重视其应当承担的社会文化责任,同时也要明确自身在阅读推广活动中的定位,这也是构建图书馆文化责任的前提条件,有助于促进图书馆的健康可持续发展。

(三)图书馆阅读推广有助于提升社会人文精神

社会人文精神有助于推动社会的发展和进步,同时也可以促进图书馆的长期发展。从图书馆的发展历程可知,社会人文精神在很大程度上决定了图书馆的影响力度和辐射范围,反过来,图书馆社会文化责任的履行对社会人文精神也具有很大的影响,因此,图书馆阅读推广与整个社会的人文精神是互相影响的。图书馆要不断完善文化推广活动,同时要在活动中积极宣扬人文精神、人文情怀,进而提升全民的文化素质。

(四)图书馆阅读推广有助于创新发展

每个时代都有自身的阅读机构,这与各个时代的阅读创新有着密不可分的关系,图书馆具备一定的文化性质,同时也具备某种创新性质。现今的社会是信息化时代,国家间的综合国力的竞争也越来越体现为创新发展的竞争。图书馆开展阅读推广活动,着重考虑公益性和人文精神,同时也要不断实现全民阅读,这样有助于拓宽公民的视野、开阔思维,进而提升我国公民的创新意识。

第四节 图书馆阅读推广活动研究

一、图书馆阅读推广活动的意义

图书馆阅读推广活动对提高全民文化素养有着极其重要的影响,对维护社会和谐发展也有着不可磨灭的促进作用,因此图书馆开展阅读推广活动具有重要的意义。

(一)提升全民文化素养

要想提高国家的综合实力,则必然得提升文化实力。大部分公民对看书、读书,没有明确的认知,并且没有阅读书籍的习惯和兴趣,这不利于提升全民的文化素质。因此,图书馆通过开展阅读推广活动,让人们体会和认识到阅读的好处和乐趣,吸引人们积极主动地阅读,通过阅读来提升自己的文化修养。

(二)发挥图书馆的社会职能

国际图联将图书馆的职能定为"保存人类文化遗产、开展社会教育、传递科学情报、开展智力资源"四大社会职能。随着网络技术的迅猛发展,人们可以实现足不出户来获取所需的信息,因此图书馆社会职能的实现遭遇了前所未有的挑战。要想拓展自身生存空间,图书馆必须得开拓出新路子,通过开展各种阅读推广活动为读者提供丰富的资料、创造舒适优雅的阅读环境,从而让更多的人主动亲近图书馆,走近图书馆,壮大社会读者群,以达到充分发挥图书馆社会职能的目的。

二、促进图书馆阅读推广活动发展的建议

图书馆开展阅读推广活动显而易见是为了吸引更多的人积极主动去阅读,但当前图书馆在开展阅读推广活动上确实存在着需要改进的地方,针对存在的问题,可以开展以下相关策略的研究。

(一)创建特色品牌栏目

为了图书馆未来长效的发展,特色品牌栏目的创建是必不可少的,图书馆通过品牌效应的打造,形成具有本馆特色的个性化服务,提高了图书馆的知名度,扩大了影响,从而使图书馆更好地适应社会环境的变化,提高生存的能力。

(二)建立完善的长效机制

图书馆必须建立完善的阅读推广机制,联合相关单位成立阅读推广委员会,有组织、有计划地开展阅读活动。

(三)丰富阅读推广活动的形式

图书馆的阅读推广形式过于单一,在各地图书馆举办的阅读推广活动中,既有展览、讲座、培训、视频展播等常见的活动形式,也有征文、原创作文、书籍推介等拥有极强互动性和参与性的活动。

良好的阅读习惯可以提高人们的文化素质。图书馆应积极开展阅读

推广活动,吸引更多的人能够主动走进图书馆,能够将阅读当成一种习惯,通过阅读提升自我修养,改善自己的思想情感,从而更进一步增强我国的文化软实力,促进社会的发展。

第二章 图书馆资源建设管理

第一节 图书馆资源的概述

一、图书馆资源的基本定义

(一)图书馆资源的概念

图书馆的职能是通过一些图书馆之间共同分担的。目标是提高图书馆的经济和社会效益,即各馆用最少的经费提供给读者尽可能多的资料和服务。共享的资源可以是实物、人员或资金;也可以是馆藏资料、图书馆目录、工作人员的专长、存贮设施和计算机设备等。

图书馆资源的概念目前尚未有一个明确的定义,比较有代表性的观点有两种:一种观点认为图书馆资源是指为了资源利用而组织起来的信息集合,它实质是一种动态信息资源体系。另一种观点认为图书馆资源是各类资源组成的有机整体。而此处对图书馆概念的分析则是从其特性入手的。

(二)图书馆资源的特性

1. 可用性

图书馆资源是为图书馆存在并被使用的,因而其具有可用性,任何资源失去了可用性,也就失去了存在的价值。

2. 有序性

图书馆资源应是有序存在的资源,最显著的例子是图书馆文献资源如果是无序的,它将无法利用,失去其存在的价值。那么图书馆人力资源是否具有有序性呢,实际上也存在有序性,人们常说的人力资源整合即是对人力资源的整合。人力资源不进行整合,就无法发挥它的最大效益。同样,设施资源如果无序,也无法发挥其应有的作用。因此,图书馆资源的有序特性决定了其作为资源存在的必要。

3. 整体性

整体性是指按一定方式构成的有机体系统各要素之间相互联系、相互制约,体现出整体大于部分以及各要素与系统的不可分性。图书馆资源各构成要素组成了一个整体,各要素之间是密不可分的,其整体发挥的效益要大于各要素的简单相加,也就是人们常说的"1+1大于2"的效应。

4. 联系性

联系性是指系统的各组成要素之间具有相互作用、相互关联的关系。图书馆资源各要素之间相互依存,相互影响,这种关系决定了图书馆资源内部联系的特性。

5. 动态性

动态性是指一个系统随着时间的推移及外部环境的变化,系统组成要素亦不断发展变化。图书馆资源的动态性决定了图书馆资源的不断发展变化,正如图书馆资源从诞生之日发展到今日,其内涵和外延正逐步扩大一样。

从上述的分析中可以得出,图书馆资源概念可做如下定义:图书馆资源是指图书馆为了资源利用而组织起来的相互联系的多种资源的动态有机整体。可以看出,这个定义综合了前文所提的两种观点,并修正了个别不准确的用词。

二、图书馆资源的构成要素

图书馆资源的构成同样存在多种观点。第一种观点从图书馆资源作为一种动态的信息资源体系的角度出发,图书馆资源具有四个要素:信息资源、用户信息资源、信息人员(主要指图书馆员)、信息设施(包括技术与设备);第二种观点认为图书馆资源有四个内容:文献资源(主要包括馆藏文献资源)、网络信息资源(包括静态的文献数字化信息和动态的社会各类信息)、人才资源(包括图书馆员、读者资源)、设备资源(包括馆舍及其各类设备);第三种观点比较广泛,认为图书馆资源具有七个要素:文献信息资源(主要指馆藏文献资源)、人力资源(主要指图书馆员)、技术资源、设备资源、建设资源、资金资源、读者资源;第四种观点认为图书馆资源具有八个方面的资源:入藏的文献、图书馆专业人员、图书馆品牌、图书馆市场(读者和潜在的读者)、图书馆馆舍、图书馆设备和用品、图书馆的政策和法规、图书馆的理论和方法。

实际上,图书馆资源的构成不外乎三个方面:信息资源、人力资源、设施资源。下面从广义的角度去理解,可以比较准确地囊括上述多种构成,即在三个大资源下再细分种属小资源,形成一个分类体系。

上述多种要素从系统要素的相关效应来分析,已逻辑地包含在三大资源中。

(一)信息资源

信息资源是图书馆赖以生存的基础,其含义包括图书馆可供利用的所有信息,可分为文献信息资源和网络信息资源,文献信息资源是指图书馆内所收藏的为用户提供信息需求服务的各类信息资源,它又包括印刷型与电子型;网络信息资源是指存在于现代计算机网络系统之中,并以联机方式向用户提供服务的信息资源,包括静态的文献数字化信息和动态的社会信息。近年有人将图书馆信息资源分为现实馆藏、虚拟馆藏,这也是对新环境下图书馆信息资源理论的发展。现实馆藏指本馆的文献资源,等同于上述的馆藏文献信息资源;虚拟馆藏广义上等同于网络信息资源,狭义上则指各馆根据本馆的性质、任务、类型、特点等具体情况,经过认真筛选与组织的网络信息资源。

(二)人力资源

人力资源是图书馆发展的关键因素,其含义包括图书馆各种人员及由人衍生出的管理方法,可分为图书馆员、读者资源,其中图书馆员资源又包括了图书馆理论和方法、图书馆政策和法规、技术资源,因为这些资源是图书馆员的智力结晶。让读者参与图书馆管理,将为图书馆事业注入新的活力,如有些图书馆建立的专家顾问团、青年志愿者服务队、学生图书馆管理协会等都是对读者资源的开发。

(三)设施资源

设施资源用词比较妥当,虽与设备资源只有一字之差,但其范围要大于设备资源,包括馆舍、设备、用品。其中的设备是主要资源,其又可分为传统设备(如书架、阅览桌椅等)和现代化设备(如计算机等),有人将现代化设备称之为信息设施,包括自动化系统、网络,在这里技术与设备已融合在一起,所以有不少人称之为技术设备资源,但从理论上讲,技术与设备应分属于不同的资源范畴。设施资源是图书馆的物质基础,特别是现代化设备的配置已成为现代化图书馆的标志,因而越来越受到重视和建设。

当今信息技术飞速发展,三大资源正逐步融合,特别是在当前网络环境下,数字化图书馆发展迅猛,图书馆资源走向集成化,如图书馆自动化系统,其硬件、软件、数据库缺一不可,虽从理论上分析分属于三大资源,但它已实现了各类资源的重新整合。可以建立一个图书馆资源体系,以便更好地研究各类资源的开发管理以及相互间的优化配置,更好地促进图书馆的建设。

第二节 图书馆文献资源建设

图书馆应根据国家的发展目标和教学、科研及管理的需要,根据馆藏基础及地区或系统文献资源布局的统筹安排,制定图书馆馆藏资源的发展政策,建设科学合理的具有本校特色的馆藏体系。在文献采集中应兼顾纸质文献、数字文献和其他载体文献,兼顾文献载体和使用权的购买。使实体馆藏和虚拟馆藏能够协调发展,以保持重要文献和特色资源的完整性和连续性,重视收藏与重点专业相关的出版物和学术文献。图书馆还应注意文献采选方式的多样性,如出版物交换、呈缴、征集或接受捐赠、文献复制及其他方式。

一、明确图书馆的重要地位

虽然在网络时代,用户获取信息的途径多样化,图书馆的作用比过去减弱了。但是,图书馆仍应重视馆藏建设。图书馆提供原始文献的服务是不可替代的,也是非常重要的。图书馆必须明确自己的中心位置,积极加强馆建。

二、加强馆际信息资源共建共享

为了提高图书馆的服务质量,必须继续开展降低信息成本的业务合作,如联合采购,联合存贮,联机编目,联机检索,文献传递服务,合作参考咨询服务等。制定科学合理的信息资源共享保障机制。通过地区性,学科性的共享资源,才可以提高图书馆的资源建设能力。

三、鼓励用户的参与

用户的互动对于图书馆资源建设具有非常重要的指导意义。通过图书馆的一些激励措施来鼓动用户参与图书馆的建设,主动地为图书馆提供反馈意见。图书馆积极地向用户收集资源信息,收集用户对图书馆工作与服务的评论。

四、平衡实体资源和电子资源的收藏比例

随着计算机和网络的发展,电子资源飞速发展,对于电子资源的需求也与日俱增。但是,对于一些古典文献,特色期刊等,还是要注重实体收

藏。平衡好实体资源和电子资源的比例,既有利于降低图书馆建设的成本,又能够更好地体现图书馆的特色。

五、做好信息资源的深层次开发利用

信息资源的深层次开发利用是图书馆建设的工作重点之一。有些图书馆购买了大量的图书和昂贵的数据库使用权,但由于宣传力度不大,或者其他用户和图书馆的信息不对称的问题,导致信息资源的利用度不深也不高,这是一种严重的资源浪费。所以,加强图书馆信息资源的组织、管理、宣传是提高信息资源利用的重要内容。

六、信息资源的标准化和规范化

标准化是实现信息资源共建共享的先决条件,并贯穿资源共建系统的各个环节,在实践工作中,它不仅保证了可靠性、系统性、连续性、完整性、兼容性,有利于实现真正意义上的信息资源共享。图书馆必须针对不同的信息资源类型建设适用的标准,如文献资源标准、数据库标准和网络信息资源标准。

七、培养优秀的专业的信息资源建设人员

新的网络环境对图书馆工作人员提出了更新、更高的要求,网络时代的图书馆员应该是能够利用各种传播载体进行信息有效收集、有序管理和广泛传播的专家,除了图书馆情报学知识及相关专业知识外,还应掌握计算机技术、网络技术与技能及外语知识,并具有一定的开拓能力和快速获取信息、高效处理和分析信息的能力。图书馆只有具备了这样的专业化的工作人员,才能把图书馆建设做好。

八、特色化信息资源的建设

每个图书馆都必须有自己的图书馆建设特色,特别是馆藏特色。首先,从馆藏的类型结构上平衡好实体资源和电子资源的比例。其次,从图

书馆的重点学科和重点科研发展方向入手,加强相关学科的信息资源建设力度,建立一个结构优化,信息资源建设具有特色的图书馆。

九、纸质文献资源建设

图书馆采购纸质文献既要着重考虑当地科研的现实需求,又要兼顾未来发展需求,兼顾书刊比例、新品种与馆藏比例。同时,图书馆对馆藏建设工作要定期开展评估。

十、数字资源建设

图书馆要重视数字资源建设,其经费应占文献购置总经费的一定比例,并逐步提高。各图书馆要充分考虑到数字资源建设的总体数量与体系结构,综合考虑数字资源的价值、需求、类型和使用权的关系,加强重点数字资源的建设。还应认真考虑数字资源的许可证协议以及采购政策、数字资源的建设与共享等问题。要全面满足不同层次读者的需求,必须坚持馆藏建设"三原则":一是知识资源共享和分配公开的原则。学习型需求与研究型需求兼顾,知识成品性文献与信息资源性文献兼收并蓄、合理配置。二是学术价值与实用价值兼顾的原则。馆藏利用率和读者满足率是由馆藏资源的学术价值和实用价值共同决定的,所以学术价值与实用价值、读者满足率与馆藏利用率、社会效益与经济效益都要兼顾。三是多载体化的原则。超文本的虚拟网络资源可以快捷方便地满足读者的信息需求,为读者提供无限的资源空间。

十一、专题特色文献资源建设

图书馆应依托本地区学科专业的优势,结合地方经济、文化及社会发展,根据教学科研的需求和专业建设发展的需要开展专题特色资源建设。长期积累以形成专题特色文献资源优势。图书馆在自动化、网络化建设时,可采取自行配置或托管、租用等不同方式来获得满足各种不同功能需求的专用服务器、大容量存储设备、数据备份设备等高性能、高可靠性、高安全性的信息环境,保障图书馆各种应用系统的正常运行,同时有利于业务扩展的需要。图书馆局域网连接校园网,出口带宽适应图书馆网络应用需求,并提供一定数量的信息节点或无线网络覆盖。图书馆应为读者提供复印、打印和扫描等服务,并逐步实现自助服务。

十二、文献的加工与共享

图书馆必须根据国家的相关规定,实现文献信息资源加工、组织和管理的标准化。对采集的文献信息资源应及时进行科学的加工整序,并尽快发布,提供使用。图书馆应按照国家的相关政策要求,积极参与图书资源共建、共享工程,主动加入并积极参与各类文献信息资源保障共享体系的建设工作,促进区域内图书馆的协同发展。图书馆应积极参与全国或地区性集团采购,参与全国或地区性联合编目或目录数据库建设,为资源共建共享贡献力量。图书馆应对各自的纸质文献及其他载体文献妥善保存管理,对特色文献、珍贵文献以及磁、光介质资料等实施重点保护和定期清点。对数据库进行周期性更新备份,保证数据与资源的一致性。

十三、文献的规范管理制度

图书馆文献管理制度是图书馆全体成员和广大读者共同遵守的行动准则。通过制定有关政策法规,明确图书馆文献管理的地位和作用,规范图书馆事业发展。图书馆文献管理工作要把精细化管理理念引入图书馆管理中来,使图书馆文献管理做到"精、准、细"。精:图书馆文献管理要精益求精,把读者工作做细,做到位。准:实行标准化服务,规范化操作,为读者提供准确的信息。细:图书馆文献管理业务操作细化,管理细化,服务细化。要与教师建立图书馆教育合作伙伴,图书馆与教师合作的主要形式是开发教辅信息系统。

所谓特色文献资源,就是指一所图书馆的文献资源与其他图书馆的文献资源相比较,所表现出来的特点、个性,它是图书馆的一个重要特色,是图书馆开展特色服务工作的物质基础。

任何一所图书馆的文献资源建设都可以通过自己的努力建设出自己的特色,这是一件既容易又难以做好的事情。一所地方图书馆的文献资源建设能否搞出自己的特色,要受诸多因素的制约,如图书馆所处地方的区域性特点和优势,图书馆员的水平,以及图书馆的经费、设备和馆舍等。如果从这些方面去努力,就可以建设出自己图书馆的文献资源特色。突出自身的优势,创建自己的风格和个性等对任何图书馆都是极其重要的。只有如此,才能使图书馆自身更具特色,才能吸引广大的读者,引起学术界的重视。

第三节　图书馆信息资源建设

一、图书馆信息资源的类型

(一)图书

图书的主题突出,知识系统全面,是人民阅读的主题资料。它可分为两类:一类是供阅读的著作,另一类是供查考的工具书。

(二)连续出版物

连续出版物是一种具有统一名称、固定版式、统一开本、连续编号,汇集多位著者的多篇著述,定期或者不定期编辑发行的出版物。

(三)特种文献

特种文献是指出版形式比较特殊的科技文献资料。

(四)非书资料

非书资料是指不按照传统的印刷方式而利用现代技术方法,将信息记录和贮存在除纸以外的载体上的一切文献,如缩微胶片。

(五)网络信息资源

网络信息资源是指以电子数据的形式将文字、图像、声音、动画等多种形式的信息存储在光磁等非纸质载体中,并通过网络和计算机等方式再现出来的信息资源。

图书分类是科学管理图书,方便读者查询利用的一种手段。为保持图书分类的一致性,现依据我国分类图书的一贯标准,结合图书馆实际情况,制定本规则,图书分类工作的基本规则是贯穿整个过程中通用的原则和方法,图书馆分类人员按照这类标准进行分类。

检索语言是文献存贮检索系统中用于表达文献主题概念和检索课题概念而创制的人工语言,又称情报检索语言。它专门用于各种手工的和计算机化的文献情报存储检索系统。检索语言就它的实质来说,是表达一系列概括文献情报内容概念及其相互关系概念的标识系统,它作为文献情报存储检索系统的一个要素,在其中起着语言保证作用。情报检索语言,按照它的结构原理,可分为分类检索语言和主题检索语言两大类型。分类检索语言就是将文献主题概念按知识(学科)性质进行分类和系统排列,并用号码表达各种概念。按照它的结构原理,又可分为:等级列举式分类法、分面组配式分类法。等级列举式分类法,又称体系分类法;分面组配式分类法,又称组配分类法或分面分类法。主题检索语言:包括标题法、单元词法、关键词法、叙词法等,它是用语词表达各种概念,并按字的顺序进行排列。这两种语言均是根据检索需要而创制的人工语言,并以分类法、主题法为工具来标引文献和揭示文献的主题内容。分类法是按文献内容的学科(知识)属性来系统揭示和组织文献的,分类法的特征在于知识的系统性,它用分类号来标引各种概念。它是图书情报工作中情报传递的重要环节和基本工具。

图书分类是专指图书馆和情报室的文献分类(包括书籍及其他文献资料)。文献是一种智力资源,它在社会主义精神文明和物质文明建设的事业中起着重大的作用。随着我国经济、文化、教育的发展,人民文化素质的提高,人们对文献的需求量越来越大,要求也越来越高。图书资料部门该如何去适应和满足这种需要呢?除了要千方百计地搜集各种文献,使这些文献成为馆藏资源外,揭示文献的内容就成为图书资料部门完成任务的最重要的手段之一。为什么说揭示文献的内容是图书资料部门完成任务的重要手段呢？因为文献的学科知识内容是一切文献的本质属性，离开了这一属性，文献就失去它的意义，就只是一种物质材料（帛、竹、纸、缩微胶片等）而已，就起不到传递知识的作用。如果说图书馆是知识宝库，那么揭示文献内容的方法就是打开知识宝库的钥匙。读者到图书馆来借阅各种文献，其目的是接受某一方面的教育，获得某一种知识，解决工作实践中的某一个问题。图书馆要满足读者各种不同的需要，首先就必须对图书进行分类。

要了解图书分类，首先要确定"类"的概念。类是代表着一组在性质上彼此相同的事物，类是一个概念。一类图书就是一组在某种性质上彼此相同的图书。某些事物在某一方面有相同或相似之处，就称它们为一类。任何事物都有一定的属性，相同或相异的事物，其属性也相同或相异，相同属性的事物形成一类，不同的事物形成不同的类。根据事物的属性划分事物，就出现了很多的类。那什么是"分类"呢？分类是人们认识客观事物的一种重要方法。即根据事物的某一属性，把相同或相似的事物集中合并成类，与不同的类区别开来。

图书分类，就是以图书的科学知识内容或其他某种属性为划分标准，按照一定的图书分类法，把相同属性的图书归在一起，以区别于其他类的图书的一种方法（手段）。图书经过分类之后，就可以显示出每一种图书内容的学科性质和它们之间的关系。性质相同的就聚集在一起，性质相近的就联系在一起，性质不同的就予以分开。

图书分类包括两个方面的含义：首先是类集。对图书馆藏书的整体来说，根据每种图书内容的学科属性，把不同的书加以区分，把相同的放在一起，相近的联系在一起，整理得有条有理，使之成其系统，就叫类集。对藏书的区分和类集是图书分类的本质含义。其次是归类。对一种具体的图书来说，根据其内容将它归入到所采用的既定的分类体系中去，就叫归类。类在图书分类的习惯上又称为类目。每一个类目必须给予相应的名称来表示该类的特殊性质和内容，这个名称就叫类名。类名是表示一组特定事物的具体概念，它不仅仅是为了区别于其他类，更主要的是为了规定该类的特殊性质及其范围的。分类标准,一类事物彼此之间的相同点就叫分类标准,也有称为分类根据的。

一种图书属于或不属于某类就决定于具有或不具有这个相同点。这一相同点一定是图书的一种属性,也必然是该类图书的共同属性。这就是说,类是由分类标准所确定的。因此,分类标准的选择就成为图书分类的关键问题。图书的属性分为本质属性和非本质属性。图书的本质属性是书中所载的科学知识内容,它的使用价值和交换价值也在于此。现代的图书分类总是以图书的本质属性为主要标准。这是图书本身所特有的、最主要的、有决定性的、为其他属性所依附的属性,只有根据这样的属性来规定的类,才能够有永久的、科学的意义。图书的非本质属性则较多,有著者、出版者、出版物的类型、阅读对象、体裁、载体、语种等。非本质属性对图书的存在不起决定作用。图书的非本质属性是从属于本质属性的。用非本质属性作为分类标准的,称为辅助标准。主要标准是图书分类首先应用并尽可能一贯应用的标准,辅助标准是在主要标准不能或不适宜于应用的时候才采用的标准,由于采用分类标准的不同,就会产生不同的结果。

(六)图书分类的作用

1. 组织分类排架

分类排架是将藏书按照图书分类法的体系进行排列的方法,图书馆对图书进行分类之后,再按分类号组织分类排架。

分类排架的最大优点是能将内容相同的图书集中排列起来,将内容相近的图书排在相邻的书架上。由于它主要是根据图书的学科内容来组织图书,比较系统科学,既便于图书馆工作人员了解和熟悉藏书,又便于向读者宣传和推荐,更便于读者直接利用藏书。在开架书库中,读者可亲自在书架上选择自己最需要的图书,读者不仅可以得其所需,而且可以开阔视野,了解各学科内容之间的关系及各类藏书,收到触类旁通的效果。

图书分类这种方法在图书馆之所以被普遍采用,就是因为它既提供了检索图书的途径,又提供了科学排列图书的依据。

2. 编制分类目录

分类目录是使用目录卡片的图书馆的主要目录。它与书名目录、著者目录、主题目录相互补充、相互配合，共同构成一个较完善的检索体系。它可以使读者通过不同的知识门类查找自己所需要的文献。

图书馆的分类目录是从学科知识方面来揭示藏书的一种检索工具。分类目录是按图书所反映的学科内容，以分类体系为排列依据而组织起来的一种目录。它可以使读者了解某一学科所包括的内容、门类，与其他学科的关系，以及该馆藏有某一学科的哪些图书，进而帮助读者认识这门学科，选择利用这些图书。

3. 进行分类统计

图书馆对藏书实行分类排架，还有一个十分重要的作用，就是用分类排架号对藏书建设和图书流通情况进行分类统计。通过分类统计数字，可以检验图书馆藏书和图书流通的质量，也便于对整个图书馆工作情况进行调查研究。

总之，图书分类是图书馆组织分类排架的根据，是编制分类目录和进行分类统计的前提。所以，图书馆不论规模大小或藏书多少，它初步的管理方法都是首先对图书进行分类。

（七）学科分类与文献分类

目前所使用的综合性文献分类法，几乎都是先将知识领域划分为学科，然后再进一步依据各种属性进行区分和组织的。

所谓学科，是关于客观世界中特定事物对象的本质特征和规律的知识体系。按照研究方法、对象之间的联系和区别进行划分，并确定该事物在整个体系中的位置，构成学科分类体系。学科分类体系是知识分类体系的一种类型，它与科学分类是密切联系的。

科学分类依据特定的原则，确定知识门类区分和组织的总体性框架。但在科学分类向纵深发展时，它实质上表现为学科分类。因为，学科是科学的个体。科学一词在表示知识系统的不同领域时，是在学科的意义上使用的。

文献分类以学科分类为基础,主要有两个原因:第一,文献分类是以文献主题内容之间的关系进行的,应符合知识之间关系的系统性。学科分类体系是按照知识关系的内在规律性进行的,以学科分类为基础,可以更好地反映知识之间的联系,更有利于文献的系统揭示和使用。第二,一门科学通常是指得到承认的研究领域的一个或一组主题,具有自身的专门方法、专业工作者和著作,大专院校为其设置相应的系或课程,并设有专业组织以及专门的信息服务机构等。因此,以学科设置为基础,有利于文献的实际使用。正是由于上述原因,现代文献分类法基本上都是依据当时的学科分类水平或体系进行的。

随着现代科学技术的发展,新的学科不断形成,出现了众多的学科系统和门类,对学科之间关系的了解也逐步深入。现代学科分类体系的建立,一般是依据一定的原则,按照实际研究中形成的方法和使用需要进行的。可以从三个方面看:首先,学科分类体系的建立,一般都要依据一定的原则。学科分类体系的建立,应当按照学科研究的客观对象为基础,依据外部世界不同运动形式的发展次序,按照从简单到复杂、从低级到高级的次序加以组织。其次,目前对学科门类的划分是按照不同知识形式及涉及的现象结合进行的。按照划分依据的不同,学科应该分为基本学科和各个独立的子学科。严格意义上的基本学科部门,如哲学、科学、历史、艺术等,反映着不同的知识形式或看待现象世界的不同方式。虽然它们考虑的现象在某种程度上是相同的,但是哲学家、科学家、历史学家、艺术家使用的概念体系和方法是不同的、相互独立的。最后,学科分类体系的建立一般还应当重视实用性,根据科学研究和管理的需要加以处理。如在揭示学科系统性的同时,反映学科研究的现状,适当突出新兴学科的位置,合理处理交叉学科和横断学科的设置,结合使用需要确定展开层次和采用的形式等。以上的分析说明,明确以学科分类为基础,对于充分利用学科分类的已有成果,使分类法合理系统地编制是十分必要的。特别是在处理专门领域学科之间关系时,尤其如此。

文献分类法一般是以学科分类为基础的,应当依据学科分类的成果

第二章 图书馆资源建设管理

进行。但它们之间也存在着不同,不能完全照搬。文献分类与学科分类的区别至少有以下几个方面的不同:第一,对象不同。学科分类的对象为某一主题或一组主题领域,是按照不同的研究方式及其现象确定的,比较单纯;文献分类的对象是文献,既有其内容方面,又有其形式、用途等方面,涉及的因素比较复杂,与学科分类存在着诸多差异。第二,范围不同。文献分类比学科分类涉及的范围更广、更深、更复杂。一方面,一种文献往往会同时涉及两门或多门学科;另一方面,文献中除了学科层次的内容以外,还包括具体事物、专门理论和技术方法,以及国家、地区、时代、人物等具体内容,比学科分类复杂和专指。除著作内容外,文献分类需要涉及以下问题的处理,包括:文献类型,如手册、书目、索引、词典等;著作体裁,如诗歌、小说、散文、戏剧等;媒体形式,如拓片、地图、缩微品、光盘、磁带等;使用需要,如对本身具有研究价值的历史文献,需要作为特藏,单独收藏保管;对于供特定对象使用的文献,也需要根据使用需要加以专门处理,文献分类的对象比学科分类的对象更多样化。第三,功能不同。学科分类的任务是根据其研究对象,明确学科的划分及其相互关系,确定每门学科在学科分类体系中的位置,目的是用以制订科学研究计划,建立科学研究机构和确定科学管理体制,正确设置专业以及进行不同门类之间的协调等服务,也可以作为各种具体应用,如文献分类、行业分类等的基础;文献分类法的任务是组织文献,为各种类型的文献编制分类检索工具,以及在计算机系统中作为文献信息的处理手段,如对下载的网络信息进行分类管理等。第四,形式不同。学科分类体系由于主要是为了表示学科的划分和相互关系,其形式比较自由,可以采用线性的列表形式,也可以根据对学科关系表达的需要,以其他形式表示,如采用方框图、树形图等,以二维、三维的图形形式加以表示,并可以根据对学科关系的理解自由调整。文献分类体系根据组织和揭示文献的需要,一般则要求将类目体系排列为单一的线性形式,无论是列举式分类法还是组配式分类法,最终都必须归结为线性次序;同时,还需要以一定的标记符号对类目之间的关系进行表达,以便作为文献标引和检索的工具使用;此外,文献分类体系作为文献组织的工具,由于文献处理具有累积性的特点,一般要求相对稳定,以免造成返工,给实际工作带来问题。总之,由于文献分类是依据文献内容之间的关系进行组织和揭示的,因此,文献分类必须依据学科分类为基础进行;但因为文献分类的对象是文献,而不是单纯的学科内容本身,因此文献分类不能等同于学科分类,必须根据文献的特点和使用的需要加以处理。

(八)分类原则

1.确切地揭示图书主要内容

在分类图书时,要先考虑图书内容属性,根据图书内容在科学体系中的位置给出类号,这样才能将学科内容相同的图书放在一起,便于读者选择和利用。只有在不适于以学科内容归类时,再考虑其他因素为分类标准(如体裁、地域、时代、语言等)。具体地说,图书分类必须以图书内容的学科性质为主要标准,图书的其他特征为辅助标准;不能单凭书名分类,分类时必须掌握作者的写作目的和主要意旨,以便准确归类。

2.归类贴切

归类贴切是指图书必须归入最大用途和最切合其内容的类目。分类图书时,除首先考虑该书所反映的学科内容外,还应结合本馆的性质和任务,使图书归入对完成本馆任务最有利的类、本馆读者最需要的类。如有时碰到一本内容性质多方面的图书,可归入几个不同的类。这时就要考虑本馆任务和读者需要,归入一个主要的类目,必要时在几个相关的分类上给予一定的标识。图书分类必须符合实用性要求,根据图书的具体内容和实际用途,结合图书馆的性质、任务,提供必要数量的、切合实际需要的分类检索途径,即对多主题图书进行互见分类,或对图书的局部内容进行分析分类。

3.前后一致,规范标准:确保图书分类的一致性

防止和杜绝一书两入或同类导入。一书两入就是同一种书的复本或不同版本,由于不是同一时间购入或不是同一人分类而分入了不同的类。坚持查重,避免同类导入,就是同性质的书分入了不同的类。图书分类要

体现一致性原则,即把内容相同的图书归入相同的类。

4. 坚持系统性、逻辑性和专指性要求

图书分类要遵循所用分类法的规定,体现分类法的系统性和逻辑性;图书分类必须符合专指要求,应把文献分入恰如其分的类目,体现专指性原则。

(九)分类程序与方法

1. 查重

从所购新书的 ISBN 号或书名进行检索,若属复本图书,使用原分类号和索书号;若属修订再版图书,则使用原分类号,并在原索书号上加版本区分号,避免同书异号。

2. 分析图书内容

分析图书内容包括分析书名,详阅内容简介、目次、说明、凡例及序跋,或浏览全书,还可参考有关工具书,请教专业人员。

3. 归类

全面了解并确认该书的学科属性后,依据《中图法》及本规则的有关规定,归入适当的类目。

4. 给分类号

确定一书的主要类目后,将该书的分类号用铅笔写在该书条码所在页的右上方。

5. 校核

根据《中图法》校对该书的类号是否准确无误。

(十)分类要求

在一般人看来,图书分类人员经过对图书的分析、辨别、归类等一系列程序之后,最后给出分类号的工作就是图书分类工作,所以又有人把图书分类工作称作"给号"工作。实际上,图书分类工作应该包括图书分类前的严谨的准备工作,图书分类时的严格科学的流程,给出分类号后对同类书的区别和书次号的编制。

1. 图书分类前的准备工作

图书分类工作既具体、繁杂、细密，又要求有很强的系统性、连续性、一致性，是一项富有科学性和技术性的工作。只有科学有效地组织、规范化管理，才能保障图书分类工作的质量。为保障图书分类质量，就必须做好三项准备工作：质量标准、规章制度、人员培训。

（1）衡量图书分类质量的标准

图书分类质量标准是图书分类质量管理的依据，图书分类的质量标准可概括为四个词：准确、一致、实用、兼容。

①准确

一是指文献主题分析要准确。要准确、全面、充分地分析出文献研究的对象及其学科专业属性，准确地判断主要内容与次要内容，提炼有价值的隐含内容和有检索意义的外表特征。

二是指归类要准确。根据文献主题分析的结果，将文献归入分类法恰切的类目，这要求能准确地把握类目体系及各个类目的内涵、外延。

三是指组号要正确。当某种主题归入某一类目后，往往还要进行不同层次的仿分、复分、组配等细分，必须保证最后获得的分类标识的准确性，否则将前功尽弃。

②一致

一致是指不同分类人员或同一分类人员在不同时间对同一主题文献归类的一致性，包括主题分析的一致、标引深度的一致、标引专指度的一致、同一类型文献分类方法的一致等。

③实用

实用是指图书分类要有针对性，也就是将图书归入对完成本馆任务最有利的类。为此要考虑本馆的性质、服务范围、学科与专业特点、读者群的层次与需求特点等，结合图书写作的目的、宗旨，运用多种手段充分揭示图书中符合本馆读者需要的情报内容，使文献发挥最大的作用。

④兼容

兼容是指在强调准确、一致、实用归类的同时，要把一般需要和特殊需要兼顾起来,把检索需要和藏书组织需要兼顾起来,把手工编目和计算机编目兼顾起来,把本馆需要和文献资源共享兼顾起来。

(2)制定文献分类部门的规章制度和健全文献分类规范文档

要使文献分类工作高质量、高效率地进行,必须制定科学的规章制度,进行科学的管理。除制定文献分类细则,确定合理的工作流程、岗位质量标准外,还要对分类人员进行合理分工,制定合理的数量管理目标,选择经验丰富、责任心强的标引人员担任分类标引结果的审校工作。

建立文献分类规范文档,是从规范化、制度化方面保证文献分类质量的重要措施。规范文档记录本馆分类法不同版次的类目启用情况和它们之间的联系,本馆对某些类目修订的情况,丛书、多卷书分类的沿革,疑难主题的归属等,这些都是分类查重,保证图书分类连续性、一致性的可靠依据。规范文档应有专门人员来维护管理,及时归纳、修改、补充。

(3)对分类人员知识结构、能力结构的要求

图书分类人员素质是决定图书分类质量的重要因素。不同的单位、不同的分类工作流程,对分类人员的知识结构要求也不尽相同,比如公共图书馆和专业图书馆就有所不同。但是,文献分类工作对分类人员有着共同的要求。

第一,分类人员要有较全面的图书情报学基础知识修养,这对深入理解文献分类在图书馆各个环节中的作用,进而站在整个图书馆工作的角度做好分类工作是十分必要的。

第二,分类人员要掌握文献分类、编目、检索的基础理论,熟练掌握文献分类的规则、技术方法,有较高的文献检索技能和利用工具书的技能;要熟悉《中图法》的体系结构、编制原则、类目含义、使用规则等。

第三,分类人员要熟悉本馆的目录体系、分类目录组织方法,熟悉本馆的藏书重点和特点,熟悉本馆读者的需求特点和检索特点。专业图书馆的分类人员还要了解不同时期本单位的科研动向和需求。

第四,分类人员要有较高的文化水平和广博的学科知识面,专业图书馆的分类人员还要精通一门专业知识。这是分类人员在主题分析过程中

阅读文献、驾驭材料、把握重点、正确归类所不可缺少的条件。

第五，分类人员要有较强的逻辑分析、判断、归纳、综合的能力，以及独立解决问题的能力。

第六，分类人员必须掌握外语、古汉语、计算机技术。类分外文文献的至少要精通一门外语，类分古籍文献的要精通古汉语并具有广博的中国历史知识。

第七，分类人员应具有良好的职业道德和认真、踏实的工作作风。

总之，对于一个图书馆的编目部门来说，人员要有合理的文化层次、知识结构，大型图书馆应尽量多配备具有不同学科知识的人员从事文献分类工作。分类人员本身需要不断提高业务水平，适应文献分类工作的需要。图书情报专业毕业的人员要加强其他学科专业知识的学习；非图书情报专业毕业的人员，要加强图书情报学理论和技术的学习，不断优化自己的知识结构。所有文献分类人员都有一个知识更新问题、扩大知识面的问题，这都需要通过有计划地培训和自学来解决。分类工作本身也需要分类人员在实践中不断地总结经验、积累知识，发现问题、研究和解决问题。

2.图书分类的工作程序

(1)文献分类查重

利用公务书目录或计算机检索系统，查明待分类的文献与已入藏文献的关系。然后分别对不同的情况加以处理。经查重后确认为新书的，则进入文献内容分析流程，确认为复本的，进行跟号处理。

其中"复本"的定义，各馆可自行规定，比如同一文献的不同装帧形式（精装或平装）是否作为复本、同一版次的不同重印本是否作为复本，各馆都有不同的规定。

查重工作是文献分类的第一步，它是保证同一主题文献归入相同的类目、某文献的不同版本、不同卷册能够集中的重要措施，同时还可以避免重复劳动。

(2)文献内容分析

文献分类,首先要知道待分文献的中心内容,即文献的研究对象及其学科或专业性质,弄清文献的写作目的、用途等。文献内容分析一般通过以下几种方法:

①分析题名(题名可以是书名或刊名或篇名)

文献题名对主题分析有重要的参考价值,一般是作者对文献中心内容的概括及写作目的的表达。但有时题名不能准确或直接反映文献的中心内容,因此,不能把题名作为主题分析的唯一依据。

②阅读文摘、内容提要

通过阅读提要、文摘、序、跋,浏览目次、文内标题、图表、附录、参考文献目录等,把握文献的全貌,明确文献的内容范围和重点,弄清写作目的、过程和编写的方法等。

③浏览正文

如果以上信息还不能满足主题分析的要求,就需要通过浏览正文,进一步了解文献论述的范围、重点及其学科属性等。

④弄清楚易混淆的概念

对于古籍或一些专深的文献,可以借助参考工具书或请教专家,弄清文献论述的对象、研究方法及手段、学科属性等易混淆的概念。

(3)文献主题提炼及选择

明白了文献论述的中心内容,还要深入分析文献内容的组成要素,将其归纳成若干主题概念,再结合本馆的需求选择主题因素予以标引。在主题概念提炼和选择中应注意以下几点:

①注意隐含概念的分析

文献中明确表达出来的、较易进行辨别的主题为显形主题或概念,在主题分析中容易确定。但在文献中没有直接、明确表达出来,而是隐含在不同的字面形式中的主题或概念,在主题分析中容易遗漏。因此,应注意通过"由表及里"、透过现象看本质的分析方法,深入、全面地了解文献内容,确定其主题。

②注意区分主要主题与次要主题

主要主题是文献的中心主题,重点论述的内容,以中心主题确定的分类号,将作为手工检索工具的主要分类号,并用来编制索书号。次要主题是文献非重点论述的内容,一般要根据文献检索系统的需要予以揭示,这就是人们通常说的互见分类和分析分类。

③注意区分专业主题与相关主题

专业主题与相关主题是相对而言的,不同的检索系统对专业主题、相关主题有不同的选择。对某一专业文献情报单位来说,与其专业性质相一致的主题为专业主题,而对其他检索系统来说,可能是与其专业相关的主题。凡属专业主题都应予以揭示,无论它是主要主题还是次要主题、显性主题还是隐含主题。

(4)归类

首先根据文献主题的学科属性,在分类表中选定与之相符的类目,确定分类号码,这就是该文献的主要分类号。其次还要根据主题分析的结果,给出预见分类号和分析分类号。

(5)编制同类书的书次号

在确定文献分类号后,要进一步编制同类书的书次号,以便编制手工分类检索工具。馆藏文献如果采用分类排架,还需要编制索书号,索书号由排架分类号和书次号组成。

(6)分类复核

文献分类在确定分类号和书次号后,应再进行复核检查,以保证分类的质量。复核检查包括文献主题分析的正确性、充分性,所归入类目是否正确,分类号组合是否正确等。使用统一编目卡片或套录编目中心机读数据的,要对其分类号进行审核,以确认是否符合本馆的分类标准以及是否增加新的互见分类号或分析分类号。

二、图书馆信息资源建设的特点

(一)实体资源与电子资源的结合

网络环境下,图书馆不仅存在着印刷文献,缩微胶片资料,CD 资料,还利用了网络资源扩大了图书馆的藏书量。图书馆通过提供计算机设备,购买数据库的端口使用权,为用户提供了虚拟的数字化资源。实体资源是在本馆收藏的,是馆藏的主体资源,电子资源是异地的,只有使用权,没有拥有权的。图书馆正在平衡好两者之间的比例,更好地为用户提供经济又实用的服务。

（二）服务方式的变化

新的时代背景下,图书馆提供服务的方式发生了很大的改变,首先,图书馆的服务时间加长了,更好地体现了"用户第一"的理念。其次,图书馆建设也逐渐地扩大了规模,倾于形成自己的特色化建筑,以符合文化特质。最后,图书馆提供了计算机的服务。用户可以在电子资源区自由地使用计算机上网获取资源,或者进入图书馆购买的数据库下载资源。图书馆"藏用一体化"的理念的普及,使图书馆的馆藏扩大了。

（三）信息资源共享理念的普及

随着图书馆技术的发展,图书馆的服务理念也发生了很大的变化。信息资源共享是新的时代背景下每个图书馆承认并坚持的理念之一。馆际互借服务让图书馆避免重复购买昂贵的资料,节省资金,购置更加有价值的图书,使馆藏更加的合理化。

（四）信息资源数字化

这是数字图书馆的最基本特征,也是与传统图书馆的最大区别。信息存储的主要形式从以纸张为载体的印刷型文献变成了数字化电磁信号,压缩了存储空间,改进了组织形式。数字是信息载体,信息依附于数字而存在,离开了信息资源的数字化,数字图书馆就成了无源之水。这也是图书馆信息资源数字化建设的最大难题,按学校一般藏书量计算,就算用最快的扫描仪,也是一个天文数字。因此现在一般分两步走:第一步,两种文档并存,搞好电子目录和电子检索工作,为全面实现数字化做好前期准备。第二步,全面实现图书资料数字化。数字图书馆要求提供的数字化信息包括:文字、图形、图像、动态图像、数字声音、数字视频和超媒体资源,人们可以利用信息技术对其进行制作、加工、传输、转换和二次开发。这些信息资源种类繁多,只有对它们进行科学地组织,才能最大限度地提高信息的利用率。目前的数字化图书馆主要采取以下三种组织方法:一是文本方式。它用于对非结构化的文本信息进行组织和处理。二是超文本方式。这种方法将网上相关的信息有机地连接在一起,组成网状结构,用户可以从任意节点开始,从不同的角度浏览信息。三是主页方式。这是将某对象的信息集中在一起,全面介绍,因特网就是采用这种方式。

(五)信息传递网络化

数字图书馆通过由宽带网组成的因特网和万维网将世界各国的图书馆和成千上万台计算机联为一体,在网上检索信息资源,并向网络输送信息,打破了纸印文献的局域性和局限性,可以跨时空检索,极大地缩短了信号传递的时间以及信息提供者和使用者的距离,从而加快了信息交流与反馈的速度。检索功能齐全,能提供题名、著者、主题词、关键词、号码、年代、出处等多种检索途径。这种数字化的信息以机读数据的形式存在,既可在计算机内高速处理,又可借助通信网络进行远距离传播,不受时间、空间限制。

(六)信息利用共享化

信息资源具有通用性、开放性和标准化的数据结构,在信息网络环境下,可供多个用户使用,共享信息资源。由于有了数字化和网络化的坚实基础,信息利用共享体现出了跨地域、行业资源无限与服务无限的特征。"馆藏"资源是面向世界的,任何人受到的服务都是"虚拟馆"的服务,原先的信息围墙将被逐渐拆除。

(七)信息提供知识化

信息资源内容丰富,类型多样,输出方式灵活。数字图书馆将图书、期刊、声像资料、数据库、网页等各类信息载体与信息来源在知识单元的基础上有机组织并连接起来,以动态分布式的方式为用户提供服务。与传统图书馆相比,数字图书馆已经并将实现由文献的提供向知识的提供转变。数字图书馆信息提供的知识化将为读者建立"知识宝库",而图书馆员也将成为知识导航员。

（八）以用户为主的信息资源服务模式

通过计算机网络，用户只需坐在办公室或家里的终端前，就可以对远程的数据库进行联机浏览、检索。当用户在查找过程中遇到困难时，图书馆员通过数字图书馆可向用户提供多种形式的方便灵活的服务，体现了双方更加密切的合作性和交流性。

三、图书馆数字化信息资源建设涉及的问题

（一）信息资源建设的标准化问题

信息资源数字化时必须按照一定的文档格式标准进行，即在开发建设中必须遵守网络传输协议、数据通信格式、数据加工标准和有关文献分类标引、著录规则等标准化原则和要求，确保数字化产品的通用性和标准化，符合网上传输与资源共享要求。只有按标准建立起来的数字化信息资源，才能实现真正意义上的资源共享，促进我国文献信息资源与国际的交流和传递。各图书馆相关责任人要认真吸取以往图书馆自动化建设中没有统一的建库标准和统一的利用平台，不同系统难以互相转换，无法挂到互联网上难以实现资源共享的教训。

（二）信息资源建设的分工协作问题

为了避免数字化信息资源的重复建设，各图书馆在进行纸质文献的数字化时，必须统一规划、分工协作，为实现文献信息资源的高度共享做出积极的努力。图书馆在收藏纸质文献时需要进行馆际协作与共享，在对馆藏文献进行数字化过程中，更应加强协作，这样才可以避免网上信息的冗余与浪费，避免各馆重复开发，重复投入，使各馆网上信息资源各具特色，提高数字化信息资源建设的效益和质量。

（三）信息资源建设中信息的安全性问题

数字化信息在网上传播利用，必须重视安全保密问题。防泄密、防病毒攻击或停电等意外事故造成数据丢失和系统破坏是数字化资源建设中的重大原则问题，必须采取切实有效的安全防范措施和手段，如采用信息

加密、防火墙、访问控制、备份数据等技术,确保数字化信息的安全。

(四)信息资源建设的人才素质问题

作为网络环境下的图书馆员,必须具有一定的外语水平,扎实的图书情报知识和熟练应用计算机的能力。因此图书馆在数字化建设的同时应加强对人才培养和再培训,以促进数字图书馆的早日实现。

(五)其他问题

在信息资源建设过程中,要制定数字图书馆的发展策略,创建和完善DL涉及的保密、版权等有关规定。加强信息基础设施建设,如网络设施、客户机和服务器等电子设备的配置。此外,要对多媒体信息压缩、存储技术、人工智能技术在信息检索技术中的应用,面向对象分布式体系结构,关于元数据描述与定义和数据的各种著录与标引规则的进一步研究。

总之,数字图书馆是二十一世纪世界各国图书馆事业的发展方向。对于图书馆来说,数字图书馆不只是一项可资利用的新技术,更是一个难得的发展机遇。图书馆应抓住机遇,协调合作,攻克数字图书馆关键技术,使数字图书馆信息资源建设得以发展,取得成效。然而,DL的真正实现要有很长一段时间,在这段时间内,传统图书馆不会消失,而是与数字图书馆一起,为不同需求的读者提供各种服务。

四、图书馆文献资源建设的质量控制

(一)建设前期的质量控制

首先,需要提高文献资源建设人员的素质,工作人员在图书馆文献资源管理与购置的过程中应具有较强的责任感与信念,并需要具备相应的专业知识,要对某一学科具有较深的研究,对其他各学科也要有相当的了解,使建设工作人员在掌握一定的基本素质与知识技能的情况下进行图书馆文献资源质量控制。同时,文献资源质量控制人员还需要具备图书资源管理技术,合理化制定不同时间段的质量控制内容,有效保障图书馆文献资源的安全性与合理性。其次,建设人员还需要对读者进行走访调查,广泛吸收读者的意见,在图书馆文献资源建设的过程中做到合理化与完整化,为文献资源质量控制工作营造良好的落实环境。

(二)建设过程中的质量控制

图书室文献资源管理人员在建设过程中,首先需要预订图书的质量控制,通过制定合理化的质量控制方案,收集图书馆内的文献资源相关信息,在文献资源的查重工作、验收工作与预定书目数据库等环节,实现科学化管理。同时,还需要进行现场采购图书资源的质量控制工作,及时掌握图书馆内文献补充的重点,根据图书馆文献资源的实际情况制定合理化的采购计划。其次,管理人员需要对零订图书进行质量控制,零订图书指的是文献资源建设人员根据读者的实际需求所补充的一种方法,这种方法在实施过程中存在一定的安全隐患,需要管理人员谨慎对待。因此,需要进行有效的质量控制,以此保障零订图书的质量与实际效益。

(三)建设完成后的质量控制

在图书馆文献资源建设完成以后,管理人员首先需要从读者口中收集到足够多的反馈信息,以这些反馈信息为依据召开座谈会,组织人员对图书馆内文献资源的质量控制工作进行适当的优化与完善,促进图书馆更好地运营。同时管理人员还需要做好馆内的各项数据统计工作,将所收藏与购置的图书进行完善的统计与分类,对图书的质量与文献资源建设工作的质量进行数据统计与评估,以认真负责的工作态度为图书馆今后的运营与建设工作提供参考,也为图书馆文献资源的质量控制工作打下坚实的基础。

(四)图书馆文献资源建设质量控制的具体措施

1.利用信息化网络技术建立读者评价处理系统

图书馆在实际运营过程中,需要不断接受读者所提供的意见与服务评价,通过这些意见进行自我完善与优化,这样才能保证图书馆长期稳定地运营。针对这一情况,图书馆管理人员应组织建设完善的读者评价信息处理系统,利用信息化网络技术,构建多媒体终端与信息服务平台,使读者在图书馆内可以获得更加优质的阅读体验。

　　文献管理人员不仅要充分了解读者的实际需求,更要全面性地了解馆内资源的利用情况。图书馆在运营过程中,其主要资源利用率往往就会直接影响到图书馆的读者服务质量,因此,图书馆文献管理人员在进行质量控制的过程中应以调整文献采购策略为依据,在此基础上建立完善的信息服务系统,利用网络技术使该系统在实际应用过程中可以处理每一位读者的评价信息,以此完成馆内文献资源的质量补充工作,帮助图书馆实现更加优质地运营与发展。随着馆内管理软件的不断优化与升级,这套信息处理系统将为图书馆信息数据处理与加工带来更大的便利,极大地推动图书馆文献资源质量控制工作的开展。

2.建立文献资源收集处理系统

　　在我国图书馆传统的运营过程中,大部分图书馆往往都会忽略对文献资源的收集处理工作,致使图书馆在运营过程中不断出现各类运营系统问题与读者满意度问题,严重抑制图书馆整体的发展。针对这一情况,我国图书馆在运营过程中应建立文献资源收集与处理的完善化网络系统,利用该系统实现文献资源的快速传输、储存与更新,并且将与之相关的信息数据进行保留,为图书馆今后的运营提供有力的保障。读者在图书馆内进行阅读的过程中需要进行文献资源的选择与使用,图书馆更需要为读者提供完善的信息收集与处理的网络化系统,以供读者进行文献资源阅读与利用。文献资源收集处理系统恰恰能够满足这些要求,该系统在实际应用过程中可以根据读者的实际需求,为读者在图书馆网络中寻找到高准确度的信息数据,可以涉及图书出版商确定、数据处理、分销商选择等多种环节,为图书馆文献资源的质量控制提供极大的便利。同时,该系统在实际应用过程中还可以建立与出版商、发行商之间的有效联系,帮助图书馆与社会市场进行沟通与联系,帮助图书馆文献资源质量控制工作实现高效化与便捷化,有效处理文献资源的收集、储存、更新与分析等多种工作内容,帮助图书馆实现最优化的运营模式。

第二章 图书馆资源建设管理

3.利用信息化网络技术建立读者需求信息收集处理系统

随着我国电子信息技术的不断完善与发展,文献资料的数量逐渐变得越来越多,其载体形式也变得多种多样,打破了传统文献资料的固定框架,实现了多样化、信息化的文献资料形态。读者需求信息收集处理系统是利用信息化网络技术实现的一种高效率、多功能的网络应用工具,在实际应用于图书馆文献资源质量控制的过程中,可以为质量控制工作提供多种方法与手段,实现优质化管理。将读者的实际需求以信息的形式直接传输到该系统当中,实现读者需求信息的收集与处理,帮助图书馆文献资源管理人员更好地对服务工作与质量控制工作进行优化,为图书馆文献资源质量控制工作提供更多的选择。

我国图书馆文献建设中的资源质量控制工作是图书馆运营过程中的核心,在今后的发展与创新过程中应结合现代化的信息化管理技术,帮助图书馆文献资源质量控制工作实现最优化发展。

第三章 数字图书馆的建设与发展

第一节 数字图书馆概述

一、数字图书馆的概念

数字图书馆(Digital Library)就是以数字形式贮存和处理信息的图书馆,是将通信技术、计算机技术、微电子技术等合而为一的信息服务系统。它针对有价值的文本、图像、语音、视频、软件和各种科学数据等多媒体信息进行收集、组织和加工,而不是像传统图书馆以纸介质或其他非数字介质为存储载体。数字图书馆利用现代先进的数字化技术,将图书馆馆藏文献数字化,并通过互联网供用户随时随地查询,使全球各地的用户都能便捷地利用大量的、贮存在不同存储空间的信息。它涉及信息资源加工、存储、检索、传输和利用的全过程。通俗地说,数字图书馆就是虚拟的、没有围墙的图书馆;是基于网络环境下共建共享的、可扩展的知识网络系统;是超大规模的、分布式的、没有时空限制的、可以实现跨库无缝连接与智能检索的知识中心。数字图书馆具有信息检索方便、远程迅速传递信息和同一信息可多人同时使用等特点。

数字图书馆是一门全新的科学技术,也是一项全新的社会事业,能够为用户提供方便、快捷、高水平的信息化服务机制。数字图书馆不是图书馆实体,它对应于各种公共信息管理与传播的现实社会活动,表现为种种新型信息资源组织和信息传播服务。它借鉴图书馆的资源组织模式、借助计算机网络通信等高新技术,以普遍存取人类知识为目标,创造性地运用知识分类和精准检索手段,有效地进行信息整序,使人们方便而快捷地获取信息。

二、数字图书馆的类型

根据构建主体的不同,现有数字图书馆可以划分为五种基本类型:①基础组织型,即以中国国家图书馆等传统图书馆为主体的复合型图书馆,该类型图书馆将实体资源与数字资源有机结合在一起,为社会营造公益性信息化服务环境;②区域建设型,即以地区或部门的资源共享为目标,集技术、人才、管理为一体的协同发展形态,如区域性门户网站和涉及教育科研、政府、协会等客体的机构知识库(中国科学院国家科学图书馆机构知识库、Hathi Trust 数字图书馆等);③内容集成型,即一种大规模收录、整合、深度开发原始文献全文知识元数据等对象的产业化信息资源整合工程,如中国知识基础设施工程、万方数据资源系统、超星数字图书馆等;④出版发行型,即从出版内容提供商向信息服务提供商转型的专业出版企业推出的资源体系,如荷兰爱思唯尔出版集团的 Science Direct 数据库、德国施普林格出版集团的 Springer Link 全文数据库、人民交通出版社的中国交通运输知识服务数字出版平台、商务印书馆的百种精品工具书数据库等;⑤搜索平台型,即依托互联网搜索引擎公司的资金技术支持和人才用户优势谋求快捷性、多样化的信息服务,索引数据大致涵盖科研机构或学者个人网站的学术成果、开放获取期刊的学术资源、图书馆与出版商的链接资源和付费电子资源,应用项目如 Google Scholar、百度文库等。这五种类型各具特色、相互借鉴和补充,构成了多形态并存的数字图书馆发展格局。

"数字图书馆"从概念上讲可以分为两个范畴,数字化图书馆和数字图书馆系统,涉及两个方面的内容:一是将纸质图书转化为电子版的数字图书;二是电子版图书的存储、检索和流通。

三、数字图书馆产生的背景

随着信息技术的发展,需要存储和传播的信息量越来越大,信息的种类和形式也越来越丰富,传统图书馆的机制显然不能满足这些需要。因此,数字图书馆应运而生。数字图书馆是一个电子化信息的仓储,能够存储大量的、各种形式的信息,用户可以通过网络方便地访问和获得这些信息,并且其信息存储和用户访问不受地域限制。

数字图书馆是传统图书馆在信息时代的创造性发展,它不仅包含了传统图书馆的功能,向社会公众提供相应的服务,还融合了其他信息资源(如博物馆)的一些功能,提供综合的公共信息访问服务。数字图书馆的各种优越性表明其将成为未来社会的公共信息中心。信息化、网络化、数字化,这一连串名词的根本点在于信息数字化,数字化是图书馆的发展方向。

自20世纪90年代,数字图书馆的概念首先由美国提出后,其发展异常迅速,短短20多年时间,数字图书馆已发展成为衡量一个国家信息水平的重要标志。世界各个信息强国都非常重视对数字图书馆的研究,并投入巨大的人力和财力来建设各自的数字图书馆项目。

四、数字图书馆的主要优点

(一)信息储存空间小,不易损坏

数字图书馆是把信息以数字化的形式加以储存,一般储存在光盘或硬盘里,与过去的纸质资料相比存储空间小。同时,传统图书馆在纸质资料管理上有一大难题,就是资料经多次查阅后会有不同程度的磨损,这对于一些原始的、比较珍贵的孤本资料,无异于一场灾难,对人类而言也是莫大的损失,数字图书馆的存储管理方式很好地避免了这一问题。

(二)信息查阅检索方便

数字图书馆都配备有电脑查阅系统,读者通过检索一些关键词,就可以获取大量的相关信息。而以往图书资料的查阅，都需要经过检索、找书库、按检索号寻找书架再锁定图书等多道工序，不仅烦琐、耗费时间，而且极不方便。

(三)远程迅速传递信息

图书馆的建设面积是有限的。传统型图书馆位置固定，读者往往要花费大量的时间在去图书馆的路上。数字图书馆则可以利用互联网迅速传递信息，而读者只需登录网站，轻点鼠标，即使和图书馆所在地相隔千山万水，也可以很快找到自己想要查阅的资料信息，这种便捷是传统图书馆不能比拟的。

(四)同一信息可供多人同时使用

传统图书馆的馆藏一般很少有多本同一书籍，而一本书一次只可以借给一个人使用，当多人需要同时使用这本书时便会产生冲突与不便。数字图书馆则可以突破这一限制，一本"书"通过服务器可以同时借给多个人查阅，大大提高了信息的使用效率。

五、服务方式及作用

"数字图书馆"概念一经提出，就得到了广泛的关注。随着数字地球概念、技术和应用领域的发展，数字图书馆已成为数字地球家庭的成员，为信息高速公路提供必需的信息资源，是知识经济社会中主要的信息资源载体。

数字图书馆的服务是以知识概念引导的方式，将文字、图像、声音等数字化信息通过互联网传输，从而做到信息资源共享。每个拥有电脑终端的用户只要通过互联网登录相关数字图书馆的网站，都可以在任何时间、任何地点方便快捷地享用世界上任何一个"信息空间"的数字化信息资源。

数字图书馆既是完整的知识定位系统，又是面向未来互联网发展的信息管理模式，可以广泛地应用于社会文化、学习教育、大众媒介、商业咨询和电子政务等一切社会组织的公众信息传播。

随着计算机和网络技术的快速发展,数字图书馆正在从基于信息的处理和简单的人机界面逐步向基于知识的处理和广泛的机器之间的理解发展,从而使人们能够利用计算机和网络在更大范围拓展智力活动的能力,在所有需要交流、传播、存储和利用知识的领域,包括教育、电子商务、远程医疗等,都发挥着极其重要的作用。

数字图书馆作为一种全新的信息资源管理与开发利用模式,一经产生便引发信息组织与信息服务领域一场深刻而持久的变革。它的影响深入到文献、信息的收集、存储、整理和检索利用等各个环节,自此传统图书馆的运作理念、模式和流程发生了脱胎换骨的变化。建设数字图书馆有助于实现全球范围的资源共享,因此,必须用一种超越于传统图书馆的全新视角来思考我国数字图书馆的建设与发展,并正确看待我国数字图书馆建设中存在的问题,从而为我国数字图书馆建设的可持续发展提供必要的理论支持。

第二节 数字图书馆个性化主动信息服务

个性化主动信息服务是在大数据环境下为解决"信息过载"和"资源迷向"问题而提出的解决方案。它以用户的行为特征、兴趣爱好等信息为基础,在不需要外界干预的情况下,通过系统推荐或推送等方式,自动按照用户的需要为其提供相应的个性化信息服务,并根据用户的反馈进一步修正其信息需求,从而持续地获取满足用户动态需求的信息,以最大限度地满足用户的个性化需求。它将信息服务系统的"被动响应"变为有针对性的"主动服务",具有主动发布信息、主动预测需求、主动采集信息、主动处理信息、主动挖掘知识、主动人机交互和主动适应用户等特征,是大数据环境下信息服务纵向深入发展的结果,也是当前数字图书馆信息服务发展的主流模式。

一、数字图书馆个性化主动信息服务概述

个性化主动信息服务是以用户需求为中心、以个性化服务应用为目标,是一种从信息提供者的角度为用户量身定制的信息服务方式。因此,如何有效获取用户的信息需求就成了个性化主动信息服务的核心和基础,按照获取方式的不同,目前数字图书馆个性化主动信息服务的模式主要有以下两种:

(一)基于用户定制的服务模式

基于用户定制的服务模式是指系统根据用户注册或订阅的方式直接获取用户的基本信息(如用户的性别、年龄、教育程度、从事的专业和研究方向等)和需求偏好来提供服务。通过这种模式获取的信息称为用户信息,由于此类信息明确表达了用户的信息需求,因此更有利于系统在做出相关判断的基础上进行有针对性的主动信息服务。但是,此模式实施的关键在于用户能否主动参与,如果用户信息的提交过于烦琐或涉及用户的隐私以及敏感信息,那么就有可能导致用户不愿使用系统或提供虚假信息的情况,从而造成系统的实际应用价值降低以及用户信息需求表达不准确等问题。目前这种服务模式的典型应用是个性化信息定制和基于电子邮件的推送两种形式。

(二)基于用户跟踪的服务模式

基于用户跟踪的服务模式是指不需要用户明确提供其信息需求偏好,而是由系统通过跟踪的方式自动收集并动态更新用户的信息需求,以提供相应的信息和服务。用户跟踪的方法包括显式跟踪和隐式跟踪两种。显式跟踪是指系统要求用户对推荐的资源进行反馈和评价,从而达到系统自适应修改用户信息的目的;隐式跟踪不要求用户提供任何信息,所有的跟踪都是系统自动完成的,隐式跟踪又可分为行为跟踪和日志挖掘。由于这种模式充分考虑了用户需求的变化,并主要通过用户的行为特征(如用户的IP地址、查询的关键词、浏览页面、访问频率、停留时间以

及下载次数等)来进行信息服务,并不完全依赖用户的参与,因此,可以有效避免基于用户定制的服务模式的一些缺点,更准确地反映用户需求与偏好,从而进行高效、高质量的个性化主动信息服务。

二、实现个性化主动信息服务的关键技术

(一)用户建模技术

通过收集用户信息,然后经过数据分析建立用户模型,即用户描述文件。用户描述文件是对一个特定类别用户的形式化描述,不仅记录了用户的各种特征信息及说明,也可以用来判断、推理用户的兴趣和喜好。用户模型通常是由一组向量集构成,用以表示用户在行为模式和兴趣偏好等方面的特点,它不仅可以有针对性地过滤无关信息,清晰地表示用户对信息的需求和偏好,也可以根据用户反馈或用户活动的变化更新用户模型,从而提升信息服务的质量。用户模型的表示方法在不同的个性化服务系统中各有不同,从内容上可以分为基于兴趣的用户模型和基于行为的用户模型两种,在具体实现时大多采用两者相结合的表示方式。

(二)智能 Agent 技术

智能 Agent 是一种具有问题求解能力、感知能力和通信能力并能在不需要或很少需要人为指导而持续自主地执行特定任务的智能软件。作为信息系统用户的"自动助手",智能 Agent 具有自主性、学习性和智能性等特点。智能 Agent 不仅克服了传统搜索引擎和在线浏览的缺陷,是开放环境下个性化主动信息服务的更高级阶段,而且为有效整合各种服务模式,构建动态信息资源系统提供了保证。智能 Agent 在个性化主动信息服务系统中通过界面 Agent 实现用户与系统的交互;通过用户 Agent 收集、分析、跟踪和反馈用户信息,并建立和动态更新用户模型;通过信息 Agent 在信息源中搜索与用户需求相关的各种信息;通过推送 Agent 对搜索结果进行过滤处理;最后再通过界面 Agent 将符合用户需求的信息反馈给用户。

(三) Web 数据挖掘技术

Web 数据挖掘技术是从大量 Web 文档中发现蕴含的、未知的以及有潜在应用价值的信息的过程。该技术不仅能够从网络资源和服务中发现和提取信息,也可以对 Web 的结构和规则、存取模式以及动态 Web 的内容进行查找等。在实际应用中,按照挖掘对象的不同可以将 Web 数据挖掘分为内容挖掘、结构挖掘和日志挖掘三种类型。其中,由于日志挖掘主要是通过对用户在访问 3W 服务器时留下的访问记录或行为特征进行挖掘,从而获得相关页面、相似用户群体和用户访问模式等信息,并以此推断或预测用户的需求和行为,因此 Web 数据挖掘技术被广泛应用于个性化主动信息服务系统中。

(四) 个性化推荐技术

个性化推荐的本质是信息的选择性过滤,通过建立用户与信息资源之间的二元关系,在建立用户模型的基础之上,通过已有的选择过程或相似性关系挖掘不同用户的潜在需求,并根据用户模型寻找与之相匹配的信息,从而实现有针对性的主动信息服务。个性化推荐作为一个用来寻找符合用户兴趣的信息处理过程,充分体现了个性化主动信息服务的核心理念,也就是面向用户而非面向检索。因此,它是解决信息过载问题最有效的工具,也是使用户形成依赖的信息更新的重要方式。

(五) 信息推送技术

信息推送技术是信息服务机构或网络公司通过一定的技术标准或协议,主动从网上的信息资源获取信息,然后针对不同用户的不同知识背景或检索习惯等个性特征,通过一定的方式向用户发送信息的服务方式。它是一种按照用户指定的时间间隔或有目的地按时将用户感兴趣的信息自动推送到用户的计算机中的数据发布技术。信息推送技术可以根据用户的需求,有针对性、有目的性地将用户所需要的相关信息主动并且及时发送到用户的计算机上。作为个性化主动信息服务的关键技术,信息推送技术既可以有效提高信息获取的深度,也能进一步提高用户获取信息的效率和质量。

三、数字图书馆个性化主动信息服务的创新策略分析

从上文的分析可以看出,数字图书馆个性化主动信息服务的目标应始终定位在"坚持以人为本的服务理念,不断优化馆藏结构,改进服务的方式和内容,强化自身各项设施建设,广泛开展各项特色服务活动"上,并以此为基础进行创新发展。具体来说主要包括四个方面。①在服务环境方面,图书馆应通过优化设计,为用户营造安全舒适的私人学习空间或适合交流的合作空间,以满足不同用户群体的需求。②在服务方式方面,图书馆应支持在高度复杂和不断变化的信息环境中给不同用户提供不同的个性化信息服务,并开展有效的用户自助服务,突出其核心价值。③在资源利用方面,应不断优化和整理信息资源,加大数字资源的建设力度,减少对实体资源的依赖,更好地保证数字资源的稳定获取。④加强与国内外图书馆和相关专业机构的合作,在拓展外部资源利用的同时,最大程度实现资源的共建共享。

第三节 数字图书馆知识服务能力建设研究

知识服务能力是数字图书馆走向未来的根本驱动力,它以知识作为源泉并决定着数字图书馆所进行的资源转化与服务绩效。

一、研究数字图书馆知识服务能力的意义

数字图书馆知识服务的运转是将本馆的有形资源和无形资源进行合理有效地整合优化,并强化协调与之相关的要素(能够影响知识服务效果的外部要素)的关系,进而使其服务按照用户需要达到预期的服务效果。因此,开展数字图书馆知识服务能力建设研究对指导知识服务体系的高效运行有重大意义。

(一)能力是数字图书馆赢得竞争优势的源泉

在企业生产经营的过程中,是能力而不是资产的多少对其经营的好坏起着决定性作用。从理论上讲,企业的本质是能力的集合体。数字图书馆与企业的情况类似,其组成知识服务体系的内部要素是无法决定知识服务绩效的,起决定作用的是知识服务能力。该能力是抽象的,并且蕴藏在知识服务的运行之中。知识服务能力是机构赢得竞争优势的源泉,其作用力是突出的,它可使该机构自身的素质外在化。

(二)能力集合体决定着数字图书馆的业绩

能力由个体能力和组织能力共同构成,两者的作用力均能实现预期目标并且产生业绩,能力和业绩双方之间是必然的因果关系。组织能力是由众多子能力组成的,这些子能力强弱各异,组合成能力的集合体。知识服务的业绩总的来说是由能力的集合体决定的,数字图书馆只有不断优化并提高知识服务能力才能更好更快地发展。

(三)能力驱动着数字图书馆向更高阶段发展

知识已经成为一个组织机构在竞争中取得领先优势的决定性因素。随着社会不断地发展,知识服务机构的各种资源储备以及适应市场能力的程度,是由其已经拥有的多种多样的知识积累和它的持续创新现状所决定的。各个机构之间能力表现方面的差距,在于它们之间已经拥有的知识的数量、结构和积累的方式方法不同。

数字图书馆在知识服务机构中具有代表性,它的核心能力是以知识不断积累和知识持续创新为根本。数字图书馆一定要时刻把握住发展的机遇,持续加强知识服务能力在知识方面的转化,以知识为源泉来培育和强化组织机构的知识服务能力,并在能力驱动下向更高阶段发展。

二、知识服务能力的内涵及特征

(一)知识服务能力的界定

数字图书馆知识服务体系能否正常并高效运行,是由该馆对它的掌握和控制能力决定的。数字图书馆拥有各种丰富多彩的资源,这些资源需要与之相匹配的知识服务能力把其转化为知识产品或者服务。

知识服务能力是指在持续发展变化的环境中,针对用户不断变化的具体问题和需求,数字图书馆以知识服务完善的战略规划为目标,把数字图书馆已经拥有的所有内部有形、无形资源合理有效地进行组合优化,并且进一步掌控知识服务的整个过程,使其更加合理地运行,促使新产品或者优质服务的外在化,并且能够为数字图书馆获取核心优势的能力。

(二)知识服务能力的特征

数字图书馆实施知识服务促进了内部多种资源的组合优化,并在知识资源的帮助下,使预先设定的服务目标得以实现。知识服务能力和其组织能力的特征是完全一样的。数字图书馆的知识服务能力的特征主要表现为以下几个方面:

1. 明确的目标性

知识服务能力的目标是预先就设定好的,非常明确,只需要进一步优化其内部各种要素和协调与之相关的外部因素,就能进一步促使知识服务体系正常高效地运行,并能及时为服务对象提供知识含量更高的新产品或优质服务,创造知识服务机构的产出效益,从而赢得竞争优势。

2. 发展过程的知识化

数字图书馆实施知识服务的过程也就是对知识的消化与转变的创新过程。知识既被当作数字图书馆知识服务所需要的原材料,也可以被当作产品进行服务,知识能产生让用户能够接纳并可以正常使用的知识产品,特别是其加工后的知识产品的价值必须超过最初的投入,否则就没有意义。知识服务能力发挥作用的过程也就是知识价值持续提高的知识化过程。

3. 发展过程的动态性

数字图书馆的知识服务是以用户需要为目标的,并随其需要和社会发展而持续变化,要不断地创新知识产品并提升其服务质量,随能力的持续提高研发出能够引起用户兴趣的、知识层次更高的产品和优质服务。

数字图书馆知识服务能力的进程是一个持续的、动态的过程。

4. 路径的依赖性

知识服务能力是一个隐性的概念,它需要以各种资源作为载体才能生存。从该体系的构成要素以及研发的知识产品和服务来看,其知识服务能力具有明显的路径依赖性,蕴藏在知识服务流程之中。

5. 评估的间接性

知识服务能力蕴藏在资源要素和发展过程之中,对知识服务能力作用的评估要依据知识服务的流程和产出来进行。所以,评估是间接性的。知识服务能力可以转化资源,并能够实现目标,产生绩效。知识服务能力与目标和绩效之间构成直接的因果关系。

三、数字图书馆知识服务能力体系总体构建

(一)知识服务能力体系的构建思路

由于知识服务体系比较复杂,所以在构建知识服务能力体系时的设计思路必须清晰,既要保证该能力的完整性又要使其具有逻辑性。知识服务首先是以满足用户的知识产品需求为目标,以知识服务体系中的构成要素为其服务的起点,整个体系组建的过程就是为知识服务分析和评估建立基础的过程。因此,构建该系统具有非常强的目的性。

知识服务能力体系的构建思路是:根据用户的需要来设定用户的需求目标,以该服务体系组成要素为其服务的基础,以优化知识服务流程为主旨,然后提取出知识服务能力所必需的构成要素并加以分析,最后再在此基础上构建出知识服务能力体系。

(二)知识服务能力体系的总体构建

1. 资源要素层

知识服务归根到底是由人来完成的,研究分析知识服务能力必然会涉及具体的人。对数字图书馆而言,人的能力要素包括个体能力要素和组织能力要素,个体能力要素是一种综合要素,它是个人为了完成某项工

作或某个目标的多方面要素的组合,可以分为显性要素和隐性要素两类,其中隐性要素决定了人的主观能动性,在个人能力发挥中起着关键性的作用;组织能力要素强调各成员个体的能力与其他要素资源以及他们自身素质的整合。将其组织内部每个成员最具潜质、最优秀的地方充分发掘出来并进一步地组合优化,以便实现其组织内部各种资源要素的最高价值。由于能力存在的载体具有依附性,所以能力必然需要由具体的要素承载。数字图书馆的构成要素是托起知识服务能力必需的要素载体,其中的人力资源是主体要素载体,其他要素则是客体要素载体。作为客体的要素载体被主体要素载体所掌控,主体要素载体对于知识服务能力的强弱起着决定性作用。

2.子能力层

构建知识服务能力是以研究知识服务流程为主旨,该流程的核心内容包括:采集、发掘、组织、研究、创新、使用和反馈六个方面,这也就是知识的加工和增值过程。在此过程中,明确知识服务其能力组成的各个部分之间的异同点,并在此基础上组成该能力的子能力层。知识服务能力可以分为四个子能力,即知识采集获取能力、知识消化吸收能力、知识动态创新能力和知识服务实施能力。

3.知识服务能力体系的总结构

从知识服务机构来看,知识采集获取能力、知识消化吸收能力、知识动态创新能力和知识服务实施能力,它们应当是个体能力和组织能力两个不同的层面。知识服务能力是以个体能力为基础,组织能力则是个体能力有效组合优化的结果,当知识服务能力合理有效地发挥作用时,双方则能够相辅相成,互相配合。后者促进组织内部各种资源合理有效地组合,前者负责管理并控制着不同能力的培养和利用。

知识服务体系的构成要素是知识服务能力组成必须具备的要素载体,知识采集获取能力、知识消化吸收能力、知识动态创新能力和知识服务实施能力,是知识服务能力组成所要表明的内容,并在具体运行的知识服务流程中表现出来,它们一起构建知识服务能力体系总结构。

(1) 知识采集获取能力

知识采集获取能力是指及时、准确地获得用户的知识需求,通过运用多种不同方法,遵从用户的需要来优化数字图书馆内部的各种资源,多方面搜集、整理不同来源的信息和各种数据库中与之密切相关的信息,并且通过精心筛选和汇总,最后整理组合成用于知识消化吸收、知识动态创新与知识服务实施的原料的能力。

从研究知识工程的视角来看,知识采集获取就是指同行业专家学者一起整合本行业的相关知识和服务实践、工作流程以及科研方面的成果等,根据预先设置的专家系统数据库要求的表达方式,将其整合成若干具体的知识信息单元,存入数据库中,整个过程就称之为知识采集获取。

(2) 知识消化吸收能力

知识消化吸收能力是指数字图书馆按照本馆的服务宗旨,依靠自己的员工通过利用技术工具,在获得用户需求知识信息的基础上,对已拥有的各类知识信息进行精心筛选、研究、分类和组合等初级加工,使其成为具有本馆独特风格的能力。知识消化吸收能力包括个人和组织两方面的能力。前者取决于个人文化水平以及综合素质的高低,后者则依靠组织整体已经拥有的知识结构和其共享程度。

(3) 知识动态创新能力

知识动态创新能力是指数字图书馆在知识采集和知识消化吸收的基础上,以满足用户的特定需求为目标,充分挖掘和发挥工作人员的潜能,将初级知识产品进行创造性加工形成对策、建议等新知识或者发现新知识的能力,知识创新可分为基于人的创新和基于工具的创新。

(4) 知识服务实施能力

知识服务实施能力是指数字图书馆通过利用知识服务平台或服务系统,根据用户的需求特点,将加工形成的不同内容、类型和层次的知识产品或知识服务提供给所需用户,并帮助用户解决问题的能力。例如,通过检索、借阅等提供知识;举办讲座、交流会等培训,提供推理、建议、评价等咨询服务,提供知识导航、知识推荐和知识定制等个性化服务。

在知识服务中,知识服务实施能力将服务方和被服务方两者密切联系起来,提高产品和服务的知识含量。该能力是能够使知识产品和服务的价值得以实现的关键。也就是说,该能力所能起到的作用是:和被服务方进行快捷密切的沟通,促使知识的最新产品及时地传送给被服务方,并通过辅导和培训使其能方便地应用产品。

知识服务能力是各种相关能力构成要素的集成体现,是一种非常综合的能力,也是数字图书馆自身知识采集获取能力、消化吸收能力、动态创新能力和服务实施能力的集中体现,是数字图书馆实施知识服务的根本所在。知识服务能力是未来图书馆持续发展的最核心能力,也是知识经济时代数字图书馆生存和持续发展的基础能力。知识服务能力体系的建设必然是漫长的可持续发展的过程。

第四节 数字图书馆的建设模式研究

数字图书馆依据不同的建设理念可划分为多个发展阶段,下一阶段的建设模式应在前一阶段的基础上探究新的发展趋势,从而构建与之相适应的新模式。数字图书馆建设模式发展趋势的研究是构建新模式的基础,对提高我国数字图书馆建设水平、推进我国数字图书馆事业的发展具有十分重要的意义。

一、渐变中的数字图书馆建设模式

数字图书馆的建设是一个渐变的过程,它随社会环境和数字图书馆建设理念的发展完善而不断发展创新。数字图书馆产生之初仅是为了满足人们通过互联网来保存、获取与共享数字资源的简单目的,但随着人们认知水平的提高以及相关技术的发展,人们希望从数字图书馆中获得更多的深层次服务,从而推动数字图书馆的建设不断发展。根据不同的建设理念,可以将数字图书馆的建设划分为三个阶段,如资源开发阶段、技术研究阶段和综合研究阶段。

在数字图书馆的不同建设阶段,建设模式也会不一样。①建设主体的变化。在资源开发阶段,数字图书馆的建设主体是传统图书馆,到了技术研究阶段,建设主体不仅包括传统图书馆,还包括各类信息技术公司,而在综合研究阶段,建设主体进一步扩展,几乎包括所有的信息服务机构。②运行机制的变化。最初是政府投入市场化的运行机制,后来逐步转化为多元化投入建设的混合化运行机制。③法治环境的变化。从最初的无法可依到现在已初步建立具有中国特色的社会主义法制体系,以后还会继续完善相关法制体系。以上的各种变化因素使得数字图书的建设产生了很多建设模式。

对我国数字图书馆建设模式的研究,不仅要借鉴国外数字图书馆在建设模式上的先进经验,更要结合中国国情,时刻把握国内数字图书馆建设的实际发展情况和发展趋势,并在此基础上构建与之相适应的建设模式,从而推动数字图书馆的可持续发展与建设。

二、我国数字图书馆建设模式的发展趋势展望

数字图书馆的建设主要涉及管理(政策环境)、资源建设、技术支持和服务四个部分。下面将从这四个方面对我国数字图书馆的建设模式发展趋势进行分析和阐述。

(一)数字图书馆的资源建设发展趋势

1. 从资源的数字化到数字资源采集

数字图书馆的资源建设,可以划分为文献资源数字化和数字资源采集两个阶段。第一阶段主要是将各种非数字化资源进行数字化加工,第二阶段则是强调对数字资源的采集、加工、存储和利用。由此可见,我国数字图书馆的资源建设正由文献资源数字化阶段向数字资源采集阶段发展。

2. 从版权规避到版权保护

重视知识产权的保护与利用是数字图书馆可持续发展的重要保证,知识产权是知识经济时代最重要的资源和财富。

3. 从政府投入到多元化投入

我国数字图书馆建设经费主要依靠政府以及一些信息技术公司出资,近几年,随着我国经济建设的快速发展和公民社会服务意识的不断提高,我国出现了大量由组织、协会以及个人创办的各类型基金会。此外,国家还出台了《企业所得税法》《关于公益救济性捐赠税前扣除政策及相关管理问题的通知》等在内的一系列法律法规,扩大了基金会公益性捐赠免税的范围,促进了中国非公募基金会的发展。随着相关政策的出台与逐步完善,相信会有越来越多的社会力量投入数字图书馆的建设中。

(二)数字图书馆的技术支持发展趋势

1. 从旁观者到参与者

数字图书馆建设中的技术支持与资源建设的地位同等重要。数字图书馆每一个阶段取得的发展成果,都与技术的突破性进展有关,从某些方面而言,技术是推动数字图书馆发展的动力与支撑。近年来,我国很多数字图书馆建设单位已经开始注重与科研院所等部门的合作,共同开展数字图书馆相关技术的讨论与研发。

2. 从单一共享到复合共享

云计算使得数字图书馆的资源共享由单一共享转向复合共享。云计算是继个人电脑和互联网之后电子信息技术领域的又一次重大变革。简单来说,云计算是指将计算任务分布在大量由计算机构成的资源池上,使各种应用系统能够根据需要获取存储空间和各种软件服务等。采用云计算构建数字图书馆,一方面可以以较低的成本从云计算平台获得巨大的计算能力和信息存储能力,彻底摆脱硬件设备的限制;另一方面,各数字图书馆项目之间可以构建信息共享空间,分享基础设施,并提供共享数据资源以及特色服务等,这一共享机制可以称之为复合共享机制。我国有部分数字图书馆在建设时已采用云计算技术,其中做得比较好的、有代表性的是由中国高等教育文献保障系统承担的分布式中国高等教育数字图书馆系统三期项目。该项目在建设中提出结合云计算、SaaS、Web2.0等技术打造 CALIS 数字图书馆云战略,该平台可以构建多级的 CALIS 云服务中心。

(三)数字图书馆的服务发展趋势

从"用户—馆"到"用户—云"。服务是数字图书馆核心价值和竞争力的体现,是数字图书馆领域的一项重要工作。随着云计算理论及其相关技术的发展,未来的数字图书馆将连成一片包含各种数字化资源的"云",每个数字图书馆都是这片"云"的组成部分之一。各信息服务机构都将通过这片"云"提供服务,对用户而言,用户面对的是统一的"云"服务界面。用户所有服务诉求都将通过"云"分配到不同的信息服务机构,进而回答用户的诉求。服务协作化是数字图书馆价值最大化的根本保证。

社会的发展以及相关理论的深入研究必将促使数字图书馆的内涵不断发展与完善,其建设模式也将发生一定的转变,进行创造性发展。

第四章 智慧图书馆建设研究

第一节 智慧图书馆概述

一、智慧图书馆产生的背景

随着知识经济的发展和科学技术的进步,我们进入了一个全新的知识经济时代。知识成为重要的战略资源,取代了传统的资本和劳动力等要素。知识创新既是国家创新体系的重要组成部分,也是取得竞争优势的关键因素。图书馆作为知识的宝库,包含了学科知识、历史文化知识和社会知识等,因此社会迫切需要提供智能化、知识化、网络化和个性化服务的图书馆。

二、智慧图书馆的概念界定

从智慧图书馆的要素入手,有研究人员认为智慧图书馆的智慧的服务、智能化的技术和智慧的人都是其关键要素;也有学者认为智慧图书馆是许多不同要素的结合体,它不仅仅要包括一些先进的信息技术,还需要有智慧馆员和可共享的资源等其他要素。总的来说,人工智能时代的智慧图书馆是一种新型平台,它依托于先进的信息技术,以人为本,使得用户能够享受到智慧化的服务,智慧管理、资源、服务、技术等都是其基本构成要素。

第四章 智慧图书馆建设研究

从技术角度来看,智慧图书馆的核心有物联网技术、大数据技术、云计算技术和人工智能技术等。物联网让万物互联,形成人与人、人与物、物与物之间的联系纽带;大数据可以分析用户的偏好,更智能地为用户推荐知识服务;云计算让图书馆的文献资源不再受到时间和空间的限制,让读者能够随时随地享受到智慧化的资源服务;人工智能可以最直观地让读者体会到智慧图书馆的"智慧化",包括智慧图书馆建筑的智能化等。

对于智慧服务来说,智慧图书馆需要一种全面自动化服务,它是一种既包含资源管理又包含读者服务的智能化服务,是一种效率高、面面俱到且具有主动性的服务,智慧服务需要利用大数据技术广泛搜集信息,再利用人工智能技术实现自动化决策。智慧服务的核心理念是以人为本,为读者提供个性化服务,需要具备信息共享、服务高效、使用便捷的特点。

非图书馆界的大多数人对于智慧图书馆的第一印象可能就是馆舍的智能化,现在许多图书馆可能已经有了进出图书馆时的智能人脸识别、借还书时的自助借还、能够对图书进行定位的智能书架、能自动管理馆内温度湿度等数据的人工智能调节系统等,包括以后可能会有的VR图书馆、智慧书房等都是传统图书馆向智慧化转型的标志。

三、智慧图书馆的特征

智慧图书馆的特征是由"以人为本"的核心理念而发散出来的,为了满足用户显性或隐性的需求而设计的一系列对图书馆中"智慧"一词的要求。对于用户的显性需求,传统图书馆已经基本能够被动地在用户提出需求时尽量满足。而智慧图书馆则要主动地满足用户的显性需求,并挖掘用户的隐性需求,再以此作为智慧图书馆更新、优化的依据,随时调整图书馆服务保证以人为本的核心理念不会改变。要做到这些,智慧图书馆必须与新一代的信息技术相融合,汲取其中有用的新技术并改革传统图书馆的系统结构,适应新型智慧服务的模式,做到纸质文献资源和数字化文献资源等多种载体的资源同等对待,全方位提升服务质量。

智慧图书馆的特征从四个方面进行描述:首先是从"以人为本"的核

心理念出发而构造的智慧服务管理模式;其次是支持以用户需求为核心建立的共建共享云服务平台,构建融合了AI与大数据的智慧图书馆体系结构;再次是以用户需求为核心的新一代信息技术与符合新时代智慧图书馆要求的智慧馆员共同完成的智慧服务;最后是能够满足后信息时代用户多样化需求的智慧图书馆功能。

(一)管理的智慧化

智慧图书馆在管理上是全方位且立体化的,多种类型的资源可以较好地整合在一起。智慧馆员也可以利用云计算、人工智能等新型信息技术对资源进行分析和处理,有效地实现知识增值,让用户享受到图书馆资源的一站式服务。同时,图书馆还可以通过收集用户行为等数据来预测用户的偏好,用户也可以主动提交自己的意见或建议,享受到人性化的服务。全方位立体化的智慧图书馆管理系统和管理模式能够帮助馆员减少工作量、提高工作效率,有效地提升图书馆的管理质量,推进图书馆各类标准的规范化。

(二)系统的智慧化

云计算的出现对于实现图书馆区域联盟服务协同有着重要的意义。首先,如果使用图书馆云服务平台来代替传统的图书馆服务平台,那么可以减少图书馆在平台管理和优化上的大量成本。其次,传统的图书馆服务平台只能让用户浏览和使用馆内资源,而在图书馆间协同服务合作理念的支撑下,新的云服务平台可以让用户浏览馆内和合作馆的所有资源,并有部分资源可以直接使用,另一部分资源由云服务平台告知用户如何获取。在智慧图书馆将各类标准和接口规范已经统一的前提下,云服务平台的建设是非常简单的,它能为图书馆省下大量存储空间,并且在公有云和私有云的协同架构下,还能提升数据的安全性。

除了充分将新一代的信息技术融合进图书馆服务平台外,智慧图书馆系统的互动性也是一个关键。系统具有互动性就是让用户能对系统进行交互式操作,同时系统的界面设计也要符合人的本能感受,并且不能太过复杂、增加用户的学习成本。系统还可以借助AI和大数据预测用户操作,让用户有更加流畅的操作体验。不仅仅是使用上有互动性,智慧图书馆系统甚至可以开放源代码,让用户也参与进来。用户不仅仅指图书馆读者,还包括通过活动悬赏等方式招募的开发人员或组织,这样既可以节省系统的开发成本,又能缩短开发时间,同时用户自己开发的系统往往会更加能够满足自己的需求。用户也能够在系统的源代码中学习和进步,系统也能在用户的更新中不断优化。智慧图书馆系统的可拓展性也比传统的图书馆系统更强,这样的系统能够自由组配功能模块,做到数据和应用解绑所带来的耦合以及模块随时增减与更新的热插拔。

(三)服务的智慧化

在场馆的建设上,智慧图书馆馆舍具有智能化的特点。对于文献资源的空间管理和安全保障,有RFID技术对文献资源的出入库进行识别和记录,GPS技术帮助馆员或读者迅速且精准地找到文献资源所在位置,红外感应和实时监控等侦测防护技术可以保护文献资源的安全。这不仅能提高借还书效率、查找文献资源的效率,减少馆员的工作量,还能保护馆内设备设施和文献资源,对于降低设备损耗、防止文献资源被盗有着重要作用。对于馆内状态管理和读者引导,智慧图书馆馆舍有人脸识别技术管理人员的出入,能借助人工智能和感应器自动调节馆内温度湿度等状态,可以有智能服务机器人在入口处帮助读者解决问题,引导读者到想去的区域,根据大数据和读者个人数据相结合为读者提供阅读推荐服务。

在服务上,智慧图书馆具有智慧化的特点,这是由新一代信息技术与图书馆服务相结合的手段为主、智慧馆员为辅共同为用户提供的个性化的服务。首先,AI和大数据技术能够进一步提高图书馆服务的智慧程度,大数据与传统的统计调查相比样本量更大,并且每个样本上的数据种类更多,考虑到的面更广。大数据配合可视化技术,能将海量且多样的数据更直观地表现出来,再加上人工智能技术,可以让图书馆更了解用户的行为习惯,帮助馆员更好地进行用户行为分析、预测和进行优化决策。其次,全方位立体化的管理能够让图书馆的资源服务变得更加智慧。与传统图书馆相比较,智慧图书馆的资源管理模式能够将资源的作用发挥到极致,传统图书馆有大量藏书只是为了保证文献资源的连续性和完整性,有很大一部分文献资源只为极少数的读者提供。而智慧图书馆一方面在与其他图书馆间协同合作上有着巨大优势，可以互相补充缺失的资源，将只为服务极少数读者的文献资源分布在多个馆内，大大减少资源和空间的浪费；另一方面在阅读推荐服务上智慧图书馆有更先进的信息技术支撑，更加个性化，符合用户需求的概率也会更大，并且还让用户有互动的权利，能获得交互式的服务体验。

（四）功能的智慧化

智慧图书馆服务的智慧性强调的是将原有的服务变得更加个性化、智慧化，而智慧图书馆中全新的服务指的是传统图书馆中没有的服务项目。21世纪以来，图书馆已经不再只是一个具有文化职能的公共基础设施，它还有着社会公共服务的职能。随着时代的发展，不同图书馆的社会公共服务职能也会有不同的方向，比如高校图书馆致力于为本校及周边学生提供知识服务，重点是作为学习与交流场所；不同公共图书馆也可以有不同主题。图书馆的文化传播职能本质上来说是为了满足人的知识需求，除了以文献资源的形式外还可以有其他更多样化的形式，智慧图书馆相比于传统图书馆而言要更加重视这一点，通过观影活动、各类体验活动的方式来填补休闲娱乐方面的空缺，让图书馆阅读推广的效果更上一层楼。

但是，智慧图书馆虽然有着智能化的场馆，场地空间却还是有限的，最基础的本职工作藏书和借阅不能被替代，所以即使由传统图书馆转型到了智慧图书馆，也不可能在一个馆内有众多不同类型的体验项目或活动。所以智慧图书馆应该做好文化传播的媒介，为广大群众提供一个多功能服务平台，利用自身平台的优势将各种文化服务集中起来，并对所有项目进行品质把控，让社会公众都能体验到高质量的文化服务或教育体验活动。

四、智慧图书馆的发展

对图书馆理论研究的不断深入正是图书馆学范式研究不断前进演变的过程。随着现代信息技术突破性的发展，以图书管理收藏为主的传统图书馆学范式已经被颠覆,主张以用户为中心,图书馆学从管理收藏转向数字化信息资源传递的认知过程,解决了传统图书馆仅以图书整理为目的,重经验、轻服务的不足。从传统图书馆学到数字图书馆学范式的转变是第一次范式转变。随着图书馆数字技术的发展与应用不断地向纵深推进,数字图书馆学范式逐渐呈现新的趋势,首先是从数字化到数据化的延伸和扩展;其次是大数据和云端应用所带来的强大效应引起了智慧图书馆的发展;此外还有 Web2.0 之后所带来的全方位网络的大众体验。这种趋势是将图书馆学从数字化信息资源传递转向自动化和智慧化的体验过程,智慧图书馆学研究将会是未来图书馆学的新范式,这是图书馆学的第二次范式转变。图书馆学范式的这两次转变例证了图书馆服务理念和服务创新的演变历程,以及在更新的服务理念下图书馆服务模式与方法的转变;在以用户为中心的服务过程中提高个性化和人性化服务方式,实现从图书资料管理向知识信息传递的社会大众服务功能的嬗变。

第二节 智慧图书馆建设的技术支撑

一、智慧图书馆的核心技术

(一)物联网

物联网技术的核心是自动识别、传感和定位技术组成的感知识别技术,如 RFID、传感器、二维码等技术都包含其中,而 RFID 射频识别技术也已经是图书馆很早就开始使用的识别技术了。RFID 依靠的是电磁波,不需要物理接触也不需要光的传播,与传统图书馆的磁条或条形码相比,RFID 技术能让自助借还机一次性识别多份文献资源,节省人力成本、提高工作效率;同时,RFID 标签一般都能对水、高温等恶劣条件有一定的抵抗力,使用寿命长、安全性较高、读取速率快,是更适合当下图书馆的一种识别技术。

智慧图书馆想要实现服务的高效、智能化,物联网是不可缺少的技术基础,它通过"万物互联"的理念将图书馆的文献资源、用户、馆员和设备互相联系在一起，构成了一个高度集成的图书馆管理系统，使得传统图书馆的单向服务模式转向了智慧图书馆的多向网状服务模式，用户也可以在这种服务模式中最快并且最省力地获取所需的资源。

(二)大数据

大数据是一种数据的集合，它无法在短时间内被常规工具采集和处理，是一种传统处理模式无法处理的信息资产，具有数据规模大、数据种类多、流转速度快和价值密度低四大特征。大数据的收集与分析处理往往离不开云计算、分布式处理和较为先进的存储与感知技术。

随着大数据技术的飞速发展，大数据应用的大规模运用，图书馆界也迎来了巨大变革。在大数据时代下，领导者不能再只是单单依靠主观判断和经验进行决策了，数据可以说明很大一部分的问题，任何决策都需要有数据的支撑。在大数据的帮助下，许多事物都可以被量化，领导者也可以根据大数据来进行定量的决策，决策的质量也会随着大数据采集与处理质量的提高而提高。

在大数据的时代背景下，对图书馆管理中"资源、技术和人"这三个要素有了新的解读。传统图书馆中的数字化资源是有着很强关联性的结构化数据，它们都是用二维表格的形式存储在关系型数据库中的，要获取这些数据较为简单，只需要按既定程序对目标进行采集即可。而在大数据时代中，以往的那些海量的非结构化数据如图片、用户微博、馆内行为视频记录等，半结构化数据如用户联系方式、浏览历史、浏览时间、各种记录等，也都不再是废料数据，反而要将它们充分地利用起来，对这些数据进行动态的、系统的整合，为用户提供更加智慧化的服务。

(三)云计算

云计算的本质是分布式计算，它利用"云"将数据处理计算程序和海量的数据分解成无数块，这些分散的块被连接了许多服务器的系统处理并分析，最后将结果返回给用户。对于图书馆而言，要想开展服务，基础设施是必不可少的条件。而智慧图书馆的基础设施服务大致有三种，服务器服务、存储服务和网络连接服务，在这些方面，智慧图书馆显然需要云计算技术成为其重要的支撑平台。

(四)人工智能

对于智慧图书馆而言,人工智能其实就是让设备按照任务目标对数据、知识等信息自动地进行采集、处理与分析,并做出自主决策和控制。人工智能与自动化设备最大的不同在于,人工智能能够代替人类去完成一些复杂多变的脑力劳动,而自动化设备只能帮助人类完成一些简单重复的体力劳动,人工智能甚至能完成一些人脑无法完成的任务,这也是人工智能最重要的特征之一。在智慧图书馆中,人工智能可以与大数据技术相结合,将事物定量化,发现不同用户行为或文献资源间的关联规律,预测事物未来发展的方向。

人工智能在图书馆的智慧服务中能发挥许多重要作用。一方面,人工智能将云计算、大数据和深度学习这三项技术联合起来,让图书馆能够在短时间内感知采集、整理、分析大量且多种类的数据,将数据分析一体化模式带入图书馆研究过程中,用数据说明问题,将复杂问题简单化,为图书馆研究带来了新的技术手段。另一方面,人工智能能够帮助降低图书馆馆员的劳动强度,提高服务效率,让用户能够享受到个性化的服务,使得图书馆的服务更加智慧化,为图书馆服务带来了新的模式。

二、智慧图书馆的核心要素

(一)广泛互联的图书馆

智慧城市通过以移动技术为代表的物联网、云计算等新一代信息技术应用实现全面感知、泛在互联、普适计算与融合应用,图书馆这一文化载体为这些新技术的创新应用提供了文化实践的平台。

1. 数据库与数据库之间互联的图书馆

在知识互联和跨学科的环境下,只有实现本馆内的库库相连和各图书馆间的库库相连乃至与社会各机构和全球各机构的库库相连,才是实现图书馆智慧发展的重要管理和服务理念。当今数字化环境渐渐成熟,读者逐步享受在线数据库所提供的快速查询与获取信息等服务,但面临一个问题:尽管目前有许多在线数据库可供使用,但使用者往往不知自己所要寻找的信息在哪一个数据库中。如何集成目前各个数据库的检索功能,提供一个简单灵活的检索,已成为当前智慧化图书馆的研究重点之一。数据与数据之间的互联性主要体现在数据库之间的互联互通,各种类型的数据库能够兼容、集成整合,最常见的就是跨库检索。国家科技图书文献中心和国家科技数字图书馆共同组建"开放获取资源跨库检索系统",目前其运行效果也受到各界的好评。

2. 人人互联的图书馆

智慧图书馆中人与人之间的互联性包括馆员之间的互联性、用户之间的互联性,以及馆员与用户之间的互联性。微博、微信、微视频等新媒体工具创新阅读资源的传播方式,阅读资源的传播不再是单向传播,而是增加了互动性。读者还可以通过互动平台分享阅读心得和感悟,以达到在短时间传播阅读资源的目的,阅读内容在读者之间可以直接分享和交流。以主流阅读方式 APP 掌阅、Kindle 为例,用户可以在海量的阅读资源中选择自己感兴趣的内容进行略读、选读或细读,并通过好友分享、读书笔记、好书共读等方式与其他读者进行互动,提高阅读效率和影响力。很多图书馆开通微信公众号作为读者服务的平台。伴随微博影响力的逐步扩大,国内多家图书馆开通并认证微博,图书馆官方微博成为与用户建立良好交互关系的平台。图书馆微博的类型一般为"图书推荐""新书推荐""原创微博""转发并评论"和"通知公告"五种。新媒体平台的出现,进一步拉近了图书馆与广大读者之间的距离,使图书馆与读者间的信息桥梁变得更加通畅并形成了互动的形态。

(二)融合共享的图书馆

融合共享是智慧图书馆的重要特征之一,它通过智能技术实现。融合与共享将为图书馆事业的发展注入新的活力。

1. 多样融合的图书馆

随着信息技术、新媒体技术和网络技术的快速发展和普及应用,新时代图书馆逐渐成为充分融合和包容的多样化图书馆。图书馆中存在多样化的阅读方式,包括纸本阅读、电子阅读、新媒体阅读、真人阅读、有声阅读、互动阅读、艺术阅读等方式;同样存在多样化的文化空间:阅读空间、研修空间、创客空间、多媒体视听空间、艺术修养空间(音乐戏剧欣赏)、休闲交际空间、娱乐空间、网络空间、社交新媒体空间、学习共享空间等。

2.跨界融合的图书馆

跨界融合是当前环境中图书馆创新服务、拓展业务的有效发展路径之一。跨界即跨行业、机构界限开展活动或提供服务,相互渗透、互相合作。跨界融合是智慧图书馆集群协同的重要特点。在信息技术的支持下,跨界融合正成为全球图书馆事业发展的突出特点。跨界融合将继续体现在图书馆阅读和文献提供等各项业务之中。智能化技术促使图书馆产生了全新的服务和管理模式,在当前各类跨界合作形式的基础上,今后图书馆的跨界合作还应该伴随着物联网的深度合作以及其他人工智能技术的应用,打造出信息传播更便利、信息检索更高效、阅读推广方式更全面的现代化智能图书馆。

第三节 智慧图书馆的建设与发展

一、智慧图书馆建设的原则

(一)标准化和规范化原则

在新时代信息发展的新环境下,图书馆资源信息的采集、加工、传播和利用,都是依托网络进行的。"无处不在、无所不能"的互联网,为图书馆的建设过程提供了极大的便利,但是如果要建设全国范围内的图书馆事业体系,甚至实现全球范围内图书馆资源信息的共建共享,必须有统一的标准和建设规范。可以说,标准化和规范化会直接影响图书馆智慧化建设的成败。统一的标准、规范、协议以及可兼容的软硬件,在技术平台构建、数字资源系统建设和信息服务系统开发等过程中至关重要,它在图书馆系统与其他系统互联互访的智慧化建设中,发挥着无可替代的作用。换言之,未来智慧图书馆的建设与发展,以及更多、更好的功能服务的实现,必须建立在统一的标准和规范的基础之上。

(二)开放性和集成性原则

未来智慧图书馆的发展,将会为读者提供智慧化程度较高的个性化服务,读者在享受个性化服务的同时,还能够以互动或者自主的形式参与图书馆的服务与管理。在移动互联网的基础上,信息的搜索、传输和处理过程非常高效、便捷,图书馆工作者不再是唯一的信息制造者和发布者,读者也将成为信息的创造者,这可以使信息在图书馆与读者之间的流通得更快、更直接。智慧图书馆为用户提供的微博分享、微信互动以及电话预约和就近取书等服务,降低了图书馆的进入门槛,使读者与馆员、馆员与馆员以及读者与读者之间能够自由互动、协同参与,在图书馆的管理和服务中,读者可以直接或间接地发挥作用。

智慧图书馆是在云计算和物联网等技术的基础之上,实现各个文献信息机构之间、不同类型文献之间的跨系统应用集成、跨部门信息共享、跨媒体深度融合的文献感知服务和集群管理。通过知识信息的共建整合,跨时空传递、共享等过程,实现信息的快速获取,并依靠集群化综合服务平台,使知识信息的视角由点扩展到面,从而实现大范围的交流和互动,实现智慧化运作。图书馆要实现服务创新,就必须依靠新技术的智慧化应用。

(三)共建性和共享性原则

每个独立的图书馆的力量都是有限的,很难在短时间内完成智慧图书馆的建设,而几个图书馆之间的信息共享可在短时间内丰富馆藏资源信息,尽可能最大化地满足用户需求。作为单独个体的图书馆,若想要尽快实现智慧化建设,必然需要与其他图书馆进行合作,通过资源共建共享,在贡献自己力量的同时,也可以获得更多其他图书馆的馆藏资源。

为实现信息资源的共建共享,各图书馆个体可以结成联盟,如国际上的联机计算机图书馆中心,以及国内的中国高等教育文献保障系统等。

一定区域内的图书馆形成统一体,以联盟的形式采购图书和数据库等资源,可以获得较低的采购价格,这样不仅节省财力、资源,还可以扩大资源利用率。各个图书馆之间通过共享技术和平台资源等,不仅可以避免资源重复开发以节约成本,还能丰富馆藏资源为读者提供更优质的服务,促进图书馆的智慧化建设。

(四)智慧性和泛在性原则

图书馆的智慧化和泛在化主要体现在两个方面:①服务时间和服务空间。随着无线网络技术的发展,更加智能的自动化服务系统相继出现,图书馆用户可以在所有网络覆盖的地区随时体验图书馆的服务。②服务对象和服务模式。随着移动通信技术的高速发展,图书馆的服务模式必然会发生改变,图书馆需要为所有连入网络的用户主动推送资源、提供服务,不再仅限于到馆用户,每个用户都能公平地获取所需资源和服务,真正地扩大图书馆服务对象的范围。

时代背景和技术环境的变化,使得图书馆的建设发展必须遵循智慧化、泛在化的原则,才能真正实现图书馆服务广大用户的社会价值。

二、智慧图书馆建设的优化对策

(一)资源共建共享

资源作为图书馆运营的基础,其智慧化主要包括两个方面:资源海量化和存储无界化。智慧图书馆迅速增加的资源不只是网络信息、数据库等数字化资源,还有馆藏印刷型资源。图书馆资源智慧化的过程就是把每项实体资源植入智能芯片的过程,芯片上写入其所属资源的本质信息,使该资源成为可识别的独立个体,并通过图书馆泛在的网络环境,实时反馈资源的状态信息。智慧图书馆将依托云服务构架,从安全可靠的"云"中获得业务支持系统、资源服务系统,使资源存储无界化成为现实。图书馆建立共建共享机制,通过馆际合作,扩大每个馆的资源储备,全方位满足用户的个性化需求。

对于图书馆自身而言,应了解本馆资源的使用情况及其他馆的情况,推出个性化服务策略,发展特色资源、特色服务,以达到较高的资源使用效率及优质的服务质量。考虑到资源建设成本和存储空间的限制,越来越多的图书馆联盟相继成立,例如世界数字图书馆(The World Digital Library)是由联合国教科文组织建立的网站,供全球读者免费使用。

(二)转变价值观念

重新审视图书馆的价值使命。图书馆需要重新审视自身的愿景、使命和价值观,并加强与政府以及社会各界的沟通与合作,获得更多的话语权、资金支持和社会关注度。

增强图书馆的互联网思维,强调图书馆的核心价值。图书馆内部泛在网络环境以及全球互联网的发展使得馆际资源的共建共享成为大势所趋,所以图书馆应增强互联网思维,深化合作;另一方面,要坚守图书馆的核心价值,在智慧图书馆建设期间,要在重视技术应用的同时,也要注重人文建设。

(三)智慧馆员队伍建设

一支有素质、有经验、有专业能力的馆员队伍是图书馆的重要战略资产。在图书馆的发展中,智慧馆员越来越成为决定因素之一。一方面,馆员素质的高低决定了图书馆服务水平的优劣。在智慧图书馆环境下,信息服务向知识服务转变,需要智慧馆员提供个性化服务、参考咨询服务等。另一方面,技术的快速发展要求图书馆馆员在掌握专业知识的同时,还要进一步熟悉新技术的应用。图书馆馆员必须不断提升自己的知识水平,更新自己的知识结构,做到与时俱进。

第五章　公共图书馆的建设

第一节　公共图书馆概述

一、公共图书馆的特征

公共图书馆是一种与人民大众关系最为密切的图书馆类型。公共图书馆是一种由政府投资兴办或由社会力量支持兴办的、向社会公众开放的图书馆类型,是知识资源收集、存储、加工、研究、传播和服务的公共文化空间和社会教育设施。具有公益性、均等性和普惠性特点。公共图书馆又被称为知识的宝库、公共文化空间、第三空间、第二起居室、没有围墙的学校、文化信息的中心等。

(一)公共图书馆具有三个明显特征

1. 公共、公益

公共图书是一种社会制度的安排,这一制度规定由政府从公共税收中支付经费,图书馆则免费为当地居民服务。每个人都具有平等获取人类知识和信息的权利,而维护公共图书馆的公共供给是保障人人平等获取知识和信息的重要途径。从理论上说,公共图书馆的公共、公益性决定了它应该向社会成员免费开放和提供服务。目前,世界各国的公共图书馆几乎都同时提供免费服务和收费服务,免费服务即基本服务或核心服务,收费服务即非基本服务或增值服务。

2. 平等包容

平等包容的公共图书馆服务包括两方面的含义：一方面，每个图书馆向其用户提供平等包容、无差别的服务；另一方面，整个公共图书馆服务体系向全体社会成员提供普遍均等的服务。公共图书馆向全体社会成员开放，要求公共图书馆普通公共服务空间（需要特殊保护的除外）要在承诺的开放时间向一切个人开放，不设任何限制，也不管个人的阶层、经济能力、性别、年龄等。

3. 专业化

公共图书馆的专业化的四个表现：

第一，运用图书馆学的理论、技术和方法，保障读者对所需知识和信息进行有效查询和获取；第二，聘用专业馆员开展智力型业务；第三，用专业知识支撑公共图书馆智力型业务工作；第四，依托整个图书馆职业和行业组织的支持，维持并不断提高自身的业务水平。这要求加强与其他图书馆的联系，并与行业组织建立联系。其中与行业组织的联系尤其重要，行业组织可以将不同类型的图书馆凝聚为一个整体，同时可以在提供交流平台、制定行业标准、支持人员培训、监督评估服务质量、制定和执行职业道德规范方面获得支持。

员工需要遵循职业道德规范。职业道德规范是用来规范从业人员行为、维护职业声望的重要手段。各国图书馆协会制定的职业道德规范大致包括以下内容：图书馆专业人员对知识、信息、文献的行为规范，如尊重知识产权等；对用户的行为规范，如尊重用户的隐私权；对职业整体的行为规范，如维护职业声誉；对所在图书馆及母体机构的行为规范，如履行与单位签订的合同。

公共图书馆服务对象的多样性导致其比其他任何类型的图书馆都更经常遭遇争议问题，因而比其他类型图书馆都更需要职业道德规范的引领。

二、作为公共事业的公共图书馆

（一）公共事业管理视野下的公共图书馆

这是一个以文献信息服务为手段，为社会公众提供精神文化产品，提

第五章　公共图书馆的建设

高全社会科学文化水平,改善社会公众生活质量为目的的非营利机构。由于其经费主要由国家财政拨给,使用的是国家转移支付的税收资金,承担的是公共部门委托的、为社会公众服务的责任。因此,公共图书馆就自然具有了"公共服务"组织的基本特征。

(二)公共图书馆"公共"性的表现

第一,公共图书馆的拥有主体是公共部门而不是私人机构;第二,公共图书馆一切活动是为了满足社会的共同需要;第三,衡量公共图书馆绩效的指标不是简单的利润或效率标准,而是服务的质量、数量、满足社会需要的程度等多种标准;第四,公共图书馆事业是一项公众广泛参与建设的事业,这种参与既包括物质和精神的支持,也包括对事业活动的约束和监督。

(三)公共图书馆的公共事业特征

公共图书馆的服务对象是全体社会成员,与全体社会成员的利益都有直接或间接的关系,所以具有公众性;同时公共图书馆的服务内容是全体社会成员共同需要的,公共图书馆作为社会文化基础设施归全体社会成员共同使用,全体社会成员都是公共图书馆的读者,都可以使用公共图书馆,可以无一例外地使用和享受公共图书馆的服务,所以带有公用性。

第二节　公共图书馆的建设与管理

随着社会的进步,公共图书馆已经由传统的封闭型转为现代的开放型,由单一的藏书楼形式演变为集收藏、使用、宣传、教育等多种职能于一体的文化服务机构。如今信息时代下网络技术发展越来越迅速,图书馆的智慧化时代已经到来。在新时代下,公共图书馆更需要把握机会、迎接挑战,要顺应潮流、引导读者,做好建设和管理。

一、公共图书馆在服务公众阅读方面的优势

与高校图书馆、专业图书馆、中小学图书馆及私人图书馆相比,公共图书馆的门槛更低,文献资源种类更加丰富,更有利于满足公众的阅读需

求。公共图书馆就是以满足公众的阅读需求为基本原则,满足公众的阅读权利,公共图书馆可以给读者提供良好的阅读环境和个性化的服务。公共图书馆还有良好的阅读指导服务,有利于培养公众的阅读习惯,调动公众阅读积极性,培养公众进行深度阅读,解决公众在阅读过程中遇到的各种障碍。同时,公共图书馆坚持全面免费开放,有利于更好地推动全民阅读。

在信息化服务方面,如今我国公共图书馆的阅读资源建设正在快速发展。公共图书馆在资源不断增加的同时,也从传统的纸质服务向信息化服务、数字化服务甚至是智能化服务发展,更好地满足了公众的文化需求。在信息技术高速发展的当下,公共图书馆一方面加强自身资源的建设,另一方面加强公共图书馆之间的馆际互通,并提供丰富的数字资源和信息服务,实现资源的充分利用。

在个性化服务方面,公共图书馆也在向满足用户个性化需求的方向发展。现代公共图书馆可以根据用户的兴趣需求,实现个性化的智慧推送,从而满足公众的阅读需求。

二、建立数字化图书馆的必要举措

(一)加大资金投入

资金问题一直是制约我国公共图书馆发展的现实因素。目前,我国图书馆的数字化建设尚处于初期阶段,这段时期必须投入大量的人力、物力和财力进行建设。系统开发、维护的费用,图书管理人员与技术研发人员的培训费用,数据库建设的费用等,都需要大量资金的投入。而在技术开发、设备更新方面,数字化图书馆必须建立在畅通的网络基础上,而网络建设又是一项周期长、耗资大的系统工程,就需要更多的资金支持。

现在我国在公共图书馆建设方面的投入虽然有所增加,但仍然十分有限,另一方面,资金投入所产生的实际效果也不是很理想,而且有很多中小型的公共图书馆几乎没有得到资金的支援。因此,如何解决公共图书馆的资金短缺问题已经成为加强图书馆建设的关键所在。对此,公共图书馆可以从以下两个方面进行考虑。

首先,要最大限度地争取各级政府的支持,增加财政投入。公共图书馆的快速发展与政府的巨大投入是分不开的。公共图书馆可以大力宣传其存在和发展的重要性,以及数字化建设的战略意义等,使各级政府意识到支持公共图书馆建设的重大性,从而增加资金投入,或者在政策上给予支持。

其次,对现行的资金投入机制进行改革。目前我国公共图书馆的资金投入多来自财政拨款,但财政拨款的投入周期长,效果也并不明显,这使得公共图书馆数字化建设非常缓慢,同时也缺乏连续性与系统性。因此,在资金投入能力有限的情况下,公共图书馆可以从多个角度出发,建立多渠道的资金筹集体系,从地方政府、企业单位、个人等渠道对公共图书馆建设进行资金投入,进而形成一个多元化的资金投入体系。

(二)从组织结构上进行改进

公共图书馆要在做好传统业务工作的基础上,促进各部门职能的数字化。例如,采编部门必须对数字文献的收藏与管理进行学习和研究,从而对传统的业务流程进行改进,采用先进的技术手段对数字文献进行加工;外借部门需要研究如何在增加传统读者的同时,开发网络读者。公共图书馆还要加强电子阅览室的建设,参考咨询部门要提供更为优质的咨询服务,利用计算机网络技术,为高层次用户提供服务。

提高图书馆员的聘任标准。公共图书馆在对图书馆管理人员进行聘任时,不但要注重图书馆员的业务水平,还要注意其自身的思想道德素养。必须从数字化图书馆发展的要求来选择图书馆员,保证图书管理人员队伍的高素质、高技能,从而提高整个图书馆的管理水平。

三、公共图书馆立法的发展

在公共文化领域的立法建设方面,已有的法律有《文物保护法》《非物质文化遗产法》《著作权法》《公共文化服务保障法》等,以及《公共文化体育设施条例》《博物馆条例》《乡镇综合文化站管理办法》等法规和部门规章,还有公共图书馆和文化馆建设用地指标与建设标准、公共图书馆服务规范等规范性文件,公共文化法律法规政策体系初步形成。

《公共图书馆法》是在公共文化领域,继《公共文化服务保障法》之后的又一部重要法律,对进一步促进公共图书馆事业的发展起到了里程碑式的作用,对于进一步健全我国文化领域的法律制度,促进公共图书馆事业发展、建设、管理和服务与现代科技融合发展,以及保障人民群众基本文化权益具有重要意义。

《公共图书馆法》根据当前科学技术的发展和读者服务的演变,明确了相应的责任和规范。首先在数字化方面,《公共图书馆法》强调了国家在建立标准统一、互联互通的公共图书馆数字服务网络上的责任,突出强调了公共图书馆在数字资源建设、线上线下相结合的服务创新上的责任。在读者服务方面,该法建立了公共图书馆提供服务的基本规范,明确了公共图书馆在系统收集地方文献信息、开展立法决策服务和少年儿童服务方面的特殊责任。一些过去习以为常的服务方式和手段,如今都提升到法律高度做出了规范,为公共图书馆的依法运行提供了准则。此外,《公共图书馆法》还建立了公共图书馆读者个人信息保护制度,明确了公共图书馆承担保护义务的读者信息范围以及保护方式,为公共文化领域个人信息保护树立了榜样。

四、新形势下乡镇图书馆建设的必要性

(一)满足乡镇居民生产生活的需要

我国乡镇地区的基础设施建设普遍是不够完善的,休闲娱乐场所也很少。乡镇地区的居民缺少满足其精神文化需求的场所,同时乡镇企业和当地农民也希望能免费获得一些农耕、种植、养殖等方面的书籍、资料和咨询,甚至是培训。这种情况下,乡镇公共图书馆的建设正好能够满足乡镇居民相应的需求,给乡镇地区居民提供精神食粮,给乡镇企业和农耕村民以生产方面的咨询和帮助。同时,乡镇地区公共图书馆还能为当地居民提供良好的休闲场所,进行交流分享,提高当地居民的人文素养和生活品质。

(二)有利于保护历史文化遗产

乡镇图书馆的建设首先要满足乡镇居民生产生活的需要。此外,乡

第五章　公共图书馆的建设

镇图书馆也是乡镇文化遗产保护的重要手段。我国历史文化悠久，拥有大量的物质和非物质文化遗产，其中很大一部分都保留在乡镇地区。乡镇地区地处偏远，开发较少，至今还保留着大量的传统手工艺、民俗活动、农耕技艺等。公共图书馆作为搜集、整理、记录、保存和传播文献资源的机构，也具有保存人类文化遗产、开发信息资源、参与社会教育等方面的职能。而乡镇图书馆作为基层的公共图书馆，在乡镇文化遗产的传承和保护上有着重要职责。

(三)有利于打造特色乡镇图书馆资源

乡镇地区往往具有地方特色资源，或者正在逐步开发地方特色资源，因此乡镇图书馆也可以为地方特色资源进行相关的服务。乡镇图书馆可以将当地特色资源的建设作为图书馆可持续发展的战略方向，建立一个具有本土特色的乡镇图书馆。乡镇图书馆打造地方特色，需要对当地的历史文化等各个方面有充分的了解。例如当地的历史名人、文化古迹、民俗风情、手工技艺、特色建筑等物质与非物质文化遗产，为打造地方特色的文化资源建立基础。乡镇图书馆要对特色文化资源进行大力宣传和推广，与旅游业合作，实现双赢。

第三节　公共图书馆读者服务体系的构建

一、公共图书馆读者服务体系概述

公共图书馆读者服务体系就是读者服务方法体系，它是由包括文献外借服务、馆内阅览服务、馆外借阅服务、文献传递、参考咨询服务、读者教育服务等服务体系构成的多功能、多层次的有机整体。公共图书馆不仅通过阅览和外借的方式向读者提供印刷型书刊、文献缩微复制、参考咨询、编译报道、文献检索、情报服务，以及宣传文献情报知识的专题讲座、展览等服务，而且还提供包括电子文献、数据库文献、网络文献等联机联网的自动化、现代化信息服务。这些服务都有其相对独立的功能、效果和适用范围，而作为整个服务方法体系的组成部分，各种方法之间是相互联系、相互补充、相互渗透、紧密结合的。

二、公共图书馆服务体系的构成

公共图书馆读者服务内容和方式有以下几方面：

（一）文献借阅、查询和阅读指导等服务

省、设区市和有条件的区县图书馆必须主动提供参考咨询、教育培训、讲座、展览及网上信息导航等延伸服务，不断创新服务项目和服务手段，满足读者多层次、多样化的信息需求。除了国家规定和古籍善本以及不宜外借的馆藏信息资源，公共图书馆不得另立标准封存和限定文献借阅范围。

（二）倡导文明服务

公共图书馆应倡导文明服务，追求人性化、便利化、无障碍的服务，特别要注意保障社会弱势群体享受图书馆服务的权利。

（三）延伸服务

公共图书馆应提供预约借书、电话（或网上）续借、汽车图书馆、流动图书站点及为有特殊困难的读者送书上门等便民服务。省、市和区县图书馆应设立咨询服务台，解答读者有关阅读方面的咨询，指导读者查找书刊资料，主动为读者提供服务。

（四）免费服务

读者出示有效身份证件即可进馆阅览。为便于管理，公共图书馆可办理读者阅览卡。读者外借文献资料，应办理图书外借证，并付图书押金。办理读者阅览卡、外借证时，公共图书馆不得向读者收取工本费、押金外的其他费用。发现读者外借图书逾期不还或损坏图书等情况，可以适当收取费用，收费标准需经物价部门核准。

（五）专题信息服务

公共图书馆为读者收集专题信息、编写参考资料，代查、代译、复印书刊资料等服务。

第五章 公共图书馆的建设

(六)知识产权保护服务

公共图书馆需依法保护馆藏信息资源的知识产权,保护读者隐私,确保不外泄读者提供的个人信息。

(七)便民服务

公共图书馆应提供寄包、失物招领、饮用水、放大镜、公用药箱等便民服务。省、市和区县图书馆需提供复印、打印、扫描、上网等服务,方便读者。

(八)网上服务

公共图书馆应建立网站,为读者提供网上服务。网站应包括文化信息资源共享工程、书目查询、服务信息、读者信箱等服务项目,并注意内容的及时更新。

(九)电子信息公益性服务

公共图书馆电子阅览室要遵循公益性原则,严禁开展经营性活动,严禁承包经营。其开放时间应与其他读者服务部门一致。开放时,要关注读者上网情况,严禁提供文化和旅游部推荐的健康益智类游戏产品外的游戏娱乐及不健康网站的浏览等服务。

(十)以人为本服务

公共图书馆服务应体现以人为本的原则,提供就近、便捷、可选择、温馨的服务,不断改进服务质量,统筹兼顾服务资源、服务效能、服务宣传、服务监督与反馈,促进服务的全面协调可持续性发展。

(十一)普遍均等服务

公共图书馆服务对象包括所有公众。应当注重培养少年儿童的阅读习惯,并努力满足残疾人、老年人、进城务工者、农村和偏远地区公众等的特殊需求。

《公共图书馆服务规范》指出公共图书馆的基本服务是保障和满足公众的基本文化需求的服务,包括为读者免费提供正版的多语种、多种载体的文献的内外借阅服务和一般性的咨询、参考咨询服务、网络服务、弱势群体特殊服务、组织各类读者活动以及其他公益性服务等,并明确了省级馆、地级馆和县级馆都有提供基本服务的职能和义务,其中县级馆应以基本服务为主,省级馆和地级馆在基本服务的基础上可以进一步开展专业服务和决策咨询服务。

三、公共图书馆读者服务体系的构建

公共图书馆读者服务内容分为面向读者和面向成员馆服务两个方面,包括以下内容。

(一)流通阅览服务体系构建

流通阅览服务是公共图书馆的主要服务方式,包括馆内流通阅览服务和馆外流通服务及流通站服务。馆内流通阅览服务是指图书馆允许读者在馆内阅读各类文献。馆外流通服务主要有个人外借、集体外借和预约外借。个人外借面向读者个人,是通过一定的手续,在规定的时间内将馆藏文献借出馆外的一种服务方式,这类服务手续简便,读者数量最多,是图书馆最主要的服务,也是图书馆文献流通数量最大的形式。集体外借主要面向机关团体,其特点是面向特定的读者群,外借的文献可以一人办理、多人使用,由专人负责,外借的文献品种多、数量大、周期长,减少了其他人往返图书馆外借文献的困难和时间。这种服务方法在方便读者、满足读者阅读需要的同时,还可以利用图书馆合理安排分配有限文献,缓和供求矛盾,节省接待读者的时间。因此,这种方法在公共图书馆非常普遍。预约借书指的是读者向图书馆预约登记某种需要借阅但暂时借不到的文献,待读者所需文献入藏后或其他读者将文献归还图书馆后,即按照预约登记的先后顺序通知读者到馆办理借阅手续的一种外借服务方法。

1. 外借服务

外借服务首先是办证服务,读者要从图书馆借书,必须先办理借书证,它是读者的借书凭证,借书证记载读者的姓名、地址、职业等情况及每次所借文献的个别登录号、借阅数量、借出和归还日期。

随着读者人数的增长,对文献利用和借阅的要求也呈现出多样化的态势,各图书馆借阅证也分为多种类型,有当日阅览证、临时阅览证、全年阅览证、参考借阅证、普通借阅证、期刊借阅证、集体借阅证、盲文借阅证、

第五章 公共图书馆的建设

汽车图书馆证等,能够满足不同需求的读者。

外借服务主要可以归纳为"闭架外借""开架外借""半开架外借"三种。

采用何种外借方式为读者服务,各馆可因地制宜,灵活掌握。一般情况下,读者需要量最大的书刊,可实行开架外借;品种少、价值较高的书刊可实行半开架外借;流通量较少的过期书刊或珍贵稀少的文献可实行闭架外借。

随着信息技术的发展和计算机技术的在图书馆的普及,馆外借阅服务的内容和手段也发生了变化,绝大多数图书馆都应用了自动化集成管理系统。图书馆不仅告别了手工操作,还可以通过计算机处理与网络化在网上完成续借、预约、浏览电子读物等。文献流通服务的现代化管理打破了传统流通管理的服务方式,这样的服务方式很受边远地区的群众,以及急需资料而又无法来到图书馆的读者的欢迎。

2. 阅览服务

阅览服务是指图书馆开设阅览室供读者到馆利用文献的一种服务方式。阅览服务主要是在馆内开展,是图书馆组织读者在阅览室利用书刊资料的一种服务方式。阅览室能克服文献外借的弊端,许多不外借的图书文献,比如善本、参考工具书、检索刊物、报纸、缩微品、机读文献、特藏或保留本(库本)等,优先保证馆内阅读参考,不受范围、册数、品种的限制。公共图书馆一般按读者对象、藏书类型、学科门类等来设置阅览室。如按读者对象设置普通阅览室、少儿阅览室、自学室、盲人阅览室等;按文献类型设置期刊阅览室、报纸阅览室、古籍阅览室、缩微阅览室等;按学科门类设置社科阅览室、文学阅览室、综合阅览室、工具书阅览室、地方文献阅览室等。

3. 流通站服务

流通站服务是公共图书馆采取一定措施将部分馆藏送到馆外,建立书刊流动站点、扩大图书外借方式的一种服务方式。图书流通站点可以设在机关、社区、学校、乡镇、企业,也可以和这些机构联合开办分馆,也就是对方出场地和设施,图书馆出书,定期把新书送到各站点,待读者借阅一定时间后,再进行图书更新。这些站点极大地方便了基层读者,同时也使图书馆的图书流通率得到大大提高。汽车图书馆是主要的流动图书馆服务方式,它又称"流动书车"。一般用装有书架和借书桌等设备的汽车,将图书馆的部分书刊资料定时定点地送到厂矿、农村或其他偏远地方,供读者阅览,并办理外借手续。馆外流通服务使图书馆服务由被动变为主动,体现了"读者第一,服务至上""为人找书,为书找人""千方百计地满足读者的需求"等现代图书馆读者工作的指导思想。

随着无线通信技术的成熟和普及,流动图书车与公共图书馆读者服务的联系日益紧密,可以提供在线预约、通借通还等多种服务。一些图书馆除提供印刷型文献的流动服务,还携带录音录像磁带、科技电影和放映设备到流通点播放。流动图书车通常为公共图书馆服务体系未覆盖的偏远地区开展书刊外借阅览活动,它扩大了图书流通范围,具有灵活快捷、节省投资的优点,是一种补充公共图书馆服务体系覆盖盲区的有效服务方式。目前,流动借书已经成为许多图书馆主动为读者服务的重要方法之一,具体服务方式主要有以下几种:

(1)在工矿企业、事业单位、国家机关、城乡居民点等人口相对集中的地方,建立流动服务站,挑选实用性强的优秀文献,采用定期交换的办法,通过"流动服务站"为读者开展借阅服务。

(2)用图书馆装备的汽车或其他运输工具,将经过挑选的文献送到馆外读者聚集的地点,开展巡回流动外借服务。这种外借服务方式,是图书馆为偏远的农村、山区和远离图书馆的地区的读者开展主动服务的有效方式,已成为许多图书馆为读者服务的基本方式之一。

(3)针对重点服务单位、服务对象和那些急需文献而又不能到图书馆借阅的读者用户,图书馆采取主动送书上门的外借服务方式。这种外借服务方式深受读者的欢迎,对图书馆开展科研生产课题跟踪服务也十分有效。

上述各种外借服务方式,都是为了满足读者用户对馆藏文献的需求以及方便读者用户而开展的服务工作。

(二)馆际互借与文献传递服务体系构建

馆际互借是图书馆之间根据协定相互利用对方馆藏以满足本馆读者

需求的文献外借方式。馆际互借可将其他图书馆的馆藏作为本馆馆藏文献的延伸,弥补各自馆藏文献的不足,实现资源共享。馆际互借除可以在一个国家的各图书馆之间开展,还可在各国之间开展,称为"国际互借"。馆际互借的文献主要是读者科学研究和生产建设所必需的文献。参加互借的图书馆之间往往订有互借协约或规则。由于现代复制技术和通信技术的应用,馆际互借中可用复制件或传真件代替原件。各种联合目录的编制与利用、良好的电子通信设施等是开展馆际互借的重要条件。一些经济发达国家还建立了馆际互借自动化系统。国内也有许多信息机构和公共图书馆开展了馆际互借服务,并遵循"互惠互利、平等合作"的原则,其目的是弥补本馆馆藏的不足,避免文献信息资源的重复浪费,实现馆际文献信息资源优势互补,形成强有力的文献信息资源保障体系,最大限度地满足用户的文献信息需求。馆际互借的具体程序如下。

1. 提交申请

读者根据需要填写申请单,注明所需文献的详细情况,例如图书要注意写明作者、出版社、版次、ISBN、可接受的文献价格区间。留下读者的联系方式,如 E-mail 地址、联系电话或传真号码等,便于收到文献后告知读者。在网络环境下,各种基于网络的馆际互借自动化系统日趋成熟并得到广泛应用,如 CALIS、NSTL 等,读者可以直接在系统中提交文献传递申请。

2. 借入

图书馆对读者的申请进行查询,确认文献本馆未入藏后,通过馆际联合目录查询,找出该文献被收藏的协作图书馆,并向协作图书馆提交馆际互借申请。

3. 借出

协作图书馆根据馆际互借申请和相关法律规范借出相应文献。可以通过 E-mail、平信、快递、传真等方式借出文献,借出的文献分为返还和非返还两类。

4. 付费

根据馆际互借协议中有关规定支付文献传递费用,付费方式多种多样,可以采取预付款、年终结算等方式。

文献传递服务是传统馆际互借服务在网络环境下的延伸和拓展。文献传递服务是指由信息提供者将存储信息的实体(不论何种形式)传递给使用者的活动。具体来说就是用户通过相应的检索工具,确定资料收藏地址,然后向信息服务机构提交服务申请,信息服务机构根据申请办理相关手续,获取相应文献,通过合适的途径如E-mail、传真、邮寄等方式传递给用户。文献传递服务是公共图书馆利用外部文献资源最大限度地满足读者不断变化的文献需求而提供的一种服务,是实现资源共享的主要手段之一,与馆际互借服务类似,得益于公共图书馆服务体系的网络优势。

(三)文献复制服务体系构建

文献复制服务是指图书馆利用文献复制手段为读者提供文献资料复制件的服务方式,是为用户获得文献资料提供的重要辅助手段。图书馆通过复印、扫描、照相等方式为读者复制其所需要的文献资料,对不能到馆的读者,通过传真、邮件方式传递服务,满足用户需要。

文献复制服务是阅览服务、外借服务的延伸,也是其他服务方式中读者获取文献的补充和发展。文献复制服务的手段,应用于一切情报部门搜集、存储文献的工作中,应用于一切用户和个人读者获取、交流文献的活动中。文献复制的方法有以下几种:

(1)文献的静电复印。复印技术在近30年来发展迅速,复印指的是使用静电复印机或类似手段获得复制件的行为。目前,静电复印是图书馆最常用的复制手段,它可以为读者提供可直接阅读的复印件。近年来,随着静电复印机的普及,几乎所有的图书馆都配有复印机,复印机也进入了机关、单位,甚至家庭。在进行文献的搜集和保存时,也可使用照相技术。静电复印技术,侧重于文献服务的传递和使用,在收藏领域所占的比重也日益增大。照相技术,侧重于文献的搜集和保存。

(2)文献的缩微复制。文献的缩微复制是"利用照相方法,把文献按很高的缩小比例记录在感光材料上的过程"。文献缩微可以节省存贮空间,图书馆多利用缩微摄影技术复制馆藏珍本及各种书刊文献,发挥缩微品体积小、规格划一、保存期长、复制性能好、成本低廉、可与计算机结合等优势,来长期保存珍贵文献,并供检索利用。现在,随着计算机技术的发展,缩微复制技术已能将缩微信息直接输入计算机,并能将存贮于计算机的文献信息直接转变成缩微品。

(3)电脑复制法,也称"电脑拷贝法"。它是最新的科学技术在文献复制服务工作中的应用。它是运用电子计算机及有关操作系统软件(如Windows等)中的拷贝、剪切、粘贴、移动、取消和打印等命令进行文献(文件)复制的一种方法。在开展电脑复制服务工作时,需要配置多媒体电子计算机、光盘刻录机、不同功能的打印机和电子计算机系统软件、相关设备的应用软件系统等。电脑复制法使用十分方便,既可以复制单个文件(如一篇文章),也可以复制成软件盘存贮的文献(文件)。可以单机条件下进行文献(文件)复制,也可以在网络条件下进行文献(文件)复制,并且可以从一个文件复制到另一个文件,也可以从一台电脑复制到另一台电脑。还可以将文献(文件)从硬盘拷贝到软盘,从 A 软盘拷贝到 B 软盘,而且在增加相应的光盘刻录设备和软件之后,可以将文献(文件)从 A 光盘刻录到 B 光盘,或把硬盘中的一组文献(文件)刻录成光盘存贮的文献(文件)。如果有条件建立数字化文献制作系统,还可以大批量地复制文献。因此,电脑复制法不但被广大读者接受,而且受到众多青年读者和科技工作者的欢迎。

(四)网络信息服务体系构建

网络信息服务是公共图书馆利用互联网、手机等信息技术手段和载体,开展的不受时空限制的网上书目检索、参考咨询、文献提供、电子公告、电子论坛、意见征询、信息通告、资源引导等服务。包括网络数据库、网络电子期刊、虚拟参考咨询服务、个性化信息定制与推送服务、建立学科信息门户网站等。这项服务是随着文献信息自动化的发展,而新开展的图书馆的新型服务方式。此项服务虽然开展的时间短,但是效率高、效益好,具有极好的发展前景。

1.网络信息导航

公共图书馆不仅要利用本馆馆藏文献为用户开展服务,而且要通过互联网使用户获取网上信息。网上信息浩如烟海、内容庞杂、分散广泛、质量良莠不齐、管理混乱且尚未形成统一的信息存储标准,信息检索效果难以控制。如何快速、准确地查到自己所需的信息,是网络用户面临的难题。图书馆的职责就是为用户提供质量可靠、登录方便、费用经济、界面友好的网上信息资源,为用户提供网络导航服务。

网络信息资源导航的目的就是提供权威、可靠、规范和可持续的网络信息资源的选择、描述和检索,使之成为相关领域的核心和可信赖的信息门户。也就是说,针对某一研究领域或专题,通过对互联网上可免费获取且具有学术参考价值的信息资源进行搜集、鉴别、分类、描述及有序化重组,制作成具有分类目录结构的网络信息资源集成化平台,使用户能够非常方便快捷地应用。

网络信息资源导航的建设过程一般如下:

(1)网络资源搜集与选择。利用搜索引擎等工具针对某一学科查找相关网址,再根据资源选择标准(一般包括范围标准、质量标准和评价标准)进行筛选和鉴别,从中选出符合需要的资源。

(2)分类组织与制定规范。采用规范科学的知识组织体系和方便用户利用的方式进行分类和组织,并制定信息资源元数据描述的规范。

(3)确定导航网站的结构和功能。包括网站栏目设定,资源浏览、检索、统计,资源发布管理机制与个性化定制,参考咨询,文献传递等功能的无缝连接,等等。

(4)资源发布与服务。对选定的网络信息资源进行元数据描述,分门别类地发布到各个相关栏目中供用户访问。

(5)更新与维护。由于网络资源发展迅速且变动频繁,因此要利用自动检测、计算机辅助更新以及人工检测等方式,定期对网页进行扫描并更新链接,以确保网络信息导航服务的及时性和有效性。

2. 文献检索与传递

图书馆馆际之间通过互联网和公共检索目录实现联机检索,将各个图书馆的馆藏信息整合在一起,可以相互检索和查询图书、期刊、学位论文、标准、专利等多种类型文献,利用联机查询了解和取得对方的信息资源,用以弥补自身馆藏不足,满足读者的信息需求,实现图书馆的资源共享。例如,国内有中国高等教育文献保障体系提供的高校图书馆公共联机目录检索与文献传递服务,国家科技文献中心提供的西文期刊联合目录与文献传递服务。读者通过联机检索获得馆藏文献信息,根据需要提交馆际互借请求,以 E-mail 的方式获取文献传递服务,实现信息资源共享。

3. 信息查询与咨询

读者可以通过图书馆主页进行外借信息查询,了解借阅文献数量、名称、时间期限,还可以在网上进行文献预约和续借、查收催还通知。信息咨询为信息读者提供个性化服务,如定题服务、期刊目次报道、代查代检、编译服务、咨询解答等。网上图书馆的信息服务突破了图书馆的时间和地域限制,馆际之间可以互查互借。

4. 馆情介绍

充分利用多媒体技术和网络平台的优势,对图书馆的建馆历史、发展变化、位置分布、建筑面积、机构设置、馆藏特色、利用指南等情况进行全方位展示,以生动、形象的方式帮助读者了解图书馆的入馆须知、开馆时间、借阅规则、借阅证办理、楼层分布、服务项目、常见问题解答、文献检索指南、网上培训等信息。向读者公布图书馆动态消息,如各种通知、学术交流、会议、展览、讲座信息等,为读者及时报道新书目录、新期刊目次、新购进电子文献数据库,以及各类型的新文献读者还可以对文献征订提出意见和建议等,图书馆根据读者的反馈信息及时进行调整和处理。

(五)视听文献服务体系构建

视听文献就是以磁性材料、光学材料等为记录载体,利用专门的机械装置记录与显示声音和图像的文献。视听文献又称"声像资料""视听资料""音像制品"。其主要类型有:普通唱片、盒式或匣式录音带、幻灯片、电影胶片、普通电视录像带、激光电视录像盘、激光唱盘、多媒体学习工具、程序化学习工具、游戏卡等。音像文献的突出特征是用有声语和图像传递信息,它具有存储密度高、内容直观真切、表现力强、易被接受和理解、传播效果好等优点。

视听文献也被称为第三代图书。由于视听型文献拥有传统印刷型文献所不具备的优势,诸如容量大、成本低、信息新、占地小、便于存贮、易于检索、集文、声、图、像于一体,具有栩栩如生、形象生动的感染力,因而受到读者的喜爱。作为一种新型的载体文献,视听型文献已成为图书出版业的最佳品种之一。近10年来,我国光盘制作的品种也已逐渐赶上世界发展的潮流,出现了 LD、CD、CDV、CDG、VCD、DVD 等不同类型,与此同时,电子出版物的内容也由单一化向多样化发展,现在已由过去只有音乐、戏剧、文艺等娱乐性、休闲性、观赏性的出版物向内涵丰富、思想深邃、品位高雅并具保存价值的出版物方向发展。

视听文献服务就是伴随着视听文献的产生而出现的一种文献信息服务方式和手段,指的是图书馆搜集、整理、存贮视听文献,通过电子化设备实现视听文献信息的交流和转播,为读者提供文献服务的方法。由于视听服务主要是通过电子化设备实现的,因此,它已成为图书馆现代化建设和服务的重要标志之一。

1. 视听文献服务类型

视听文献服务与图书馆传统文献服务不同,它需要借助一定的设备条件才能开展。图书馆视听文献服务一般主要采用三种方式。第一种方式是通过设置不同类型的视听室为读者提供馆内视听服务;第二种方式是选择部分视听文献,为读者开展外借流通服务;第三种方式是从馆藏中选择多余的复本,以"会员制"方式在读者中的会员范围内开展自由交换服务。

馆内视听服务的具体做法是通过设置不同类型的视听室为读者利用不同内容、载体的视听文献提供方便。目前较为普遍的做法是设置下列视听服务室。

(1) 音像文献视听室。音像文献视听室是图书馆通过配置有关的录像设备、录放音设备,诸如录像机、放像机、电影机、电影放映机、投影机、录音机、放音机、留声机、幻灯机,以及建立技术含量更高的多媒体音像文献服务系统,为读者学习、研究、欣赏有关音像文献服务的一种方式。读者通过音像文献视听室,可以学习有关的科学知识,可以学习自己喜爱的语言,也可以尽情地进行音乐欣赏或观看自己喜爱的电影或录像。因此,音像文献视听室已成为许多读者乐于利用的服务形式。为此,有条件的图书馆可以通过建立"大、中、小"相结合,既适用于个体读者,又适用于集体读者的视听空间,为读者、用户提供更多、更好、更方便的服务。

(2)电子文献阅览室。同传统的阅览室相比,电子文献阅览室使图书馆的阅览范围从单纯的图书和期刊阅览转变为多媒体电子出版物和网络信息阅览,它使阅览室工作由传统手工操作向自动化、网络化、智能化方向转变。读者既可以在此感受到内容丰富、形式多样、生动形象、感染力强的视听享受,又可以在此"广、快、精、准"地获取所需要的文献信息。

(3)网络资源检索室。网络资源检索室也可称为"虚拟文献查阅室",在国内的一些地区,有人把它称之为"网吧"。它是图书馆通过建设广域网平台和配置多媒体电子计算机终端等设备,并通过建设现代通信系统与广域网相连接,使本馆读者通过计算机终端设备即可远程检索利用内容极其丰富、形式十分多样的网络资源的技术服务系统。由于我国电信事业的高度发展,目前有条件让读者上网检查利用虚拟文献(即网络资源)的图书馆已经有很多,而且服务内容也在不断地增多,诸如网上邮箱服务、网络电话服务等也应运而生,读者可以免费获得各种网上文献信息资源,也可以有偿获得自己所需要的文献信息资源。

(4)缩微文献阅览室。缩微文献阅览室是图书馆通过配置不同规格、不同功能的缩微文献阅读器等设备,为读者查找利用馆藏缩微品服务的系统。十几年来,为了加快抢救历史珍贵文献的工作,我国不少图书馆在全国图书馆文献缩微中心的支持、指导下,配置了技术含量很高的缩微拍摄编辑制作系统,生产了数量极大、品质优良的缩微型图书。此外,不少图书馆还通过图书出版部门收藏了大量的缩微型文献。一些图书馆为了让广大读者查找利用馆藏的许多珍贵的历史文献,纷纷通过建立缩微文献阅览室来为读者提供服务,还专门为读者配置了缩微阅读复印机。

2. 视听文献外借流通服务

建立不同规模、不同类型的视听文献服务场所是图书馆为读者服务的重要措施。但是,在相当长的时期内,图书馆人只为读者开展阵地服务,不主张为读者开展视听文献的外借流通服务。随着我国改革开放的进一步深入,随着"以人为本""一切为了读者"思想的深化,在部分公共图书馆中,视听文献的外借流通服务也在悄悄开展起来。由于视听文献的载体比印刷型文献复杂、多样,因此,视听文献外借服务的管理和运作显得相对复杂一些,对文献的完整程度的判断也显得困难,因此各个图书馆所采用的外借方式都不相同,但目的相同,都是方便读者使用,使图书馆的视听资源利用最大化。

(六)公共文化传播服务体系构建

随着经济的发展和社会的进步,公众物质文化需求的个性化、多元化的特点日趋突出,图书馆的服务也日趋多元化,为读者提供丰富多彩的专题讲座、展览、报告会等公共文化传播服务成为近几年来公共图书馆延伸服务的又一个服务方式。

1.讲座的目的

(1)让市民公众共享社会精神文化财富并提供足够多的历代与当代历史文化信息。

(2)提升市民公众文化艺术素养,陶冶市民公众人文道德情操。

(3)为市民公众构筑中外文化、经典艺术知识传播与信息交流平台。

(4)为市民公众与专家学者、社会名流进行零距离面对面交流及市民之间进行文化与艺术知识交流搭建互动平台。

2.讲座的内容

(1)讲座策划

①关注社会热点问题,反映及时、关注热点,是讲座工作的一个重要特点。作为讲座策划者,要有敏锐的眼光,把握时代脉搏,审时度势,抓住机遇,并及时回应,果断决策。②依托馆藏资源。图书馆有着丰富的馆藏资源,举办讲座者可以从馆藏文献中寻找讲座策划内容,讲座作为读者活动的重要形式,离不开馆藏的支撑。③主讲人的选定。听众是讲座的对象,讲座的成功与否,很大程度上取决于现场听众的认同度。因此主讲人的选定也是讲座工作的一个重要环节,它是讲座成功的关键。读者是否愿意来听讲座,主讲人的因素占有很大比重。首先,聘请权威专家,权威专家能站在所讲主题的前沿,对该主题进行深入的剖析和正确的引导。

从他们那里可以听到新见解,得到新启发,而且由于他们是权威专家,有不俗的成绩和令人仰望的头衔,其观点更容易被人们接受。其次,聘请一流的专家权威主讲或许是每个讲座主办者的愿望;但一流的专家毕竟是少数,特别是内地不发达地区,受各种因素的制约,外地专家又很难聘请到。这种情况下,就要充分利用各种关系,调动一切因素,尽最大努力争取请到一流的专家。

策划者的工作理念和工作态度是决定讲座成功与否的最关键因素。讲座的每个细节都凝聚了策划者的工作理念。没有策划者的成功操作,再好的讲师也不能把所讲主题很好地传达给听众,讲座的预期效果也就得不到充分实现。

(2)讲座的推广

讲座活动作为读者服务工作的一项重要内容,是信息和知识传播的一种重要形式,是文献信息传播体系结构中的一个重要支点。它既属于传播学,又属于文献信息学。因此,讲座活动的策划、推广和传播都要按照文献信息传播学的规律来科学运作,做到传播面宽、传播层次深、传播对象准,使主讲人能把所讲的主题有效地传达给听众,使讲座的社会教育功能得到充分发挥。①讲座之前。主题和主讲人确定之后,策划者需要做的工作就是广泛宣传,以期在最大的范围内,对最广大的读者进行宣传,使尽可能多的人知道这个信息。常见的宣传途径有馆内读者张贴栏、本馆网站、当地媒体等。②讲座之中。在这一过程中主要是做好服务工作,包括听众的指引和接待,录音、摄像工作的顺利进行,各媒体记者采访时机的安排,听众提问顺序的先后等。这一时期同样可以抓住机会进行现场宣传。比如,主持人切入主题的开场白和画龙点睛的点评可以对本馆馆藏进行叙述,对本馆进行宣传;听众陆续到场和中场休息时间,可以通过多媒体播放一些本馆的宣传资料;通过台下工作人员和听众的交谈聊天,有意识地介绍本馆,让他们更多地了解本馆的情况。③讲座之后。受时空的限制,到现场听讲座的人毕竟是少数,为了让更多的人分享讲座资源,要通过各种途径在网络、电视、报纸等媒体上发布讲座相关信息。

(3)讲座的宣传

①以公共图书馆网站为平台,设置讲座专栏,通过现代多媒体信息技术,将以往各期讲座的具体内容以文本、音频、视频的形式纳入多媒体数据库,使公众可以通过网站收看或下载各期讲座的内容,为广大公众搭建一所普及与推广讲座相关内容的空中课堂。②编辑出版与讲座配套的图书或专刊,用文字形式再现讲座内容,突破讲座的时空限制,使读者多次细细地品味讲演者的思想与内涵。③制作与讲座配套的电子产品,如光盘等。按照读者需求制作内容,或一个主题多个讲座,或一个演讲者多个讲座等,使得某一图书馆的讲座成为众多图书馆和广大读者共享的知识资源。④开展与讲座有关的展览、读者活动等。有些讲座可以推出一系列的图片展览,可以配合讲座举办读者活动,如召开读者座谈会,听众代表与演讲人、讲座主办方直接交流意见等。

公共图书馆除了举办公益讲座,还会举办不同类型的展览活动。公共图书馆的展览虽然起步较晚,但近几年得到了较快的发展,并逐步形成了自己的特色,有的还成为图书馆自身发展的重要文化产业之一。

所谓展览,就是在图书馆的一定地域空间和网络空间通过展品陈列等方式展示以文化艺术为主要内容的读者服务。展览包括展览内容、场地、人员、客户、策划、宣传、经费等,目前国内许多图书馆都开展了展览活动,主要有以下几种做法:

一是展览与讲座相结合。在图书馆展览服务工作发展过程中,把图书馆的展览与讲座、会议资源进行整合,发挥图书馆服务资源的整体效益和互动作用。展览和会议同时举行,以展览服务带动会议服务,发挥图书馆会展联动和会议设施的综合优势。

二是共享展览资源。只有将各地的展览资源整合起来,才能在展览服务工作中进行优势互补,资源共享。目前公共图书馆已经尝试互换各个图书馆展览资源,共同承担费用,这样不但延长了一些展览服务的生命周期,而且深受广大读者欢迎。

三是展览内容向多元化与国际化发展。图书馆的展览由过去的单一

第五章 公共图书馆的建设

内容和形式逐渐向多元化、国际化趋势转变。中国国家图书馆、上海图书馆等都在这方面进行了很好的尝试。

四是展览服务向网络化发展。在网络技术快速发展的今天,为了适应广大读者学习求知的习惯,可以将一些展览办到网上,让读者共享展览资源。此外,可以和其他行业互换展览内容,使图书馆的展览资源走出图书馆界,也使其他行业和其他地方的展览资源走进图书馆。

(七)情报研究服务体系构建

情报研究服务,是一种深层次的参考咨询服务,是情报服务的主要内容和科学研究的前期工作,一般需要较高的水平和较多的时间。情报服务可以协助科研人员选择正确的科技策略,提高效率,减少人力或投资方面的重复和浪费,节省科研人员的时间和精力。我国各大中型图书馆,普遍建立了咨询服务部门,配备学有专长的工作人员从事咨询服务。还有的图书馆成立了联合性的咨询委员会,将图书馆的专门人才组织起来,对口分工解答读者提出的各种咨询问题。情报研究有定题服务、专题数据库建设、信息调研、编译服务、综述和预测分析报告等。

(1)定题服务是信息机构根据经济建设和用户研究需要,以重点研究课题或亟待解决的关键问题为目标,深入其中,通过对信息的收集、筛选、整理并定期或不定期地提供给用户,直至协助课题完成的一种连续性的服务。定题服务是情报检索的延伸,是一种特殊形式的检索服务。它的基本特点在于主动性、针对性和有效性。

(2)专题数据库就是图书馆对具有资源优势的一些专题信息资源,进行二次加工,使这些信息资源的组织系统化,并且进行知识挖掘、重组和再造,发现隐含在信息中的有用知识单元并整合成知识产品。专题数据库针对性很强,但需要对各学科领域内最新信息及研究动态、成果进行搜集、筛选、整理,从数据的采集、整理、录入到发布都需要投入相当的人力及物力。现今,衡量一个图书馆的服务能力,不再只看传统的纸质文献和电子文献,专题数据库的建设业已成为文献信息资源建设的重要指标和新亮点。

(3)信息调研是指信息服务工作者经过搜集、整理、分析和研究,将所得成果提供给用户,这项服务专业性强、层次高,深受读者欢迎。

(4)编译服务是图书馆根据读者的需要编写或翻译中外文资料,使读者克服语言障碍,更顺利地利用文献。编译服务包括两个方面内容:其一是编,其二是译。编就是编写中外文资料,这方面内容主要是一些应用文类的文稿,公共图书馆这类读者需求较多。译就是将中文文献译成外文,或者把外文资料译成中文。翻译服务还可分为口头翻译、笔头翻译、人工翻译、计算机翻译、委托代译与交流编译等。

随着图书馆服务方式的创新和改变,读者服务体系有了新的变化,总分馆服务就是图书馆新的服务形式,《公共图书馆服务规范》指出:公共图书馆应在政府主导、多级投入、集中分层管理、资源共享的原则下,建立普遍均等的公共图书馆服务体系,因地制宜地开展形式多样的总分馆服务,形成统一的机构标识、统一的业务规范,建立便捷的通借通还文献分拣传递物流体系,提升同一地区公共图书馆系统的整体形象和服务能力。

建设公共图书馆服务体系不仅可以为读者提供更加强大的服务功能,同时凭借体系内主要成员馆的辐射带动和各成员馆的紧密合作,各成员馆也将获得有利的发展条件和机遇,类似于面向读者的服务,在此称为"面向成员馆的服务",主要有以下几种形式:

1.集中采购

集中采购是公共图书馆服务体系内各成员馆降低运行成本、实现资源共享的一种有效手段,通过集中购买图书文献、设备设施以及外包服务,获取最优惠价格,从而最大限度地节约购置资金。

2.业务培训

业务培训主要依靠公共图书馆服务体系内的主要成员馆开展,通常为体系内的农村、街道等规模较小的基层图书馆开展职业技术培训和指导,提升基层图书馆馆员的业务素质,提高为读者开展服务的能力和质量。

第五章 公共图书馆的建设

3. 资金支持

资金支持是公共图书馆服务体系内主要成员馆功能辐射的一种形式,为体系内资金相对薄弱的成员馆提供最为直接的资金援助,用于购买图书文献和基本设施,改善为读者开展服务的环境和质量。

4. 通用

一卡通用就是服务网络成员馆之间相互开放阅览权限和预约借书权限,即允许区域内任何读者到任何图书馆阅览和使用其他馆内服务;允许他们通过网络或电话向任何图书馆预约图书,并指定一个图书馆代为接收图书和办理外借手续。

(1) 通借。读者在一个服务网络内,可以持任何一个图书馆的读者证(或持统一的读者证)到网络内的任何一个图书馆借阅文献,但必须将所借文献归还原馆。

(2) 有限通借通还。读者在一个服务网络内,可以持任何一个图书馆的读者证(或持统一读者证)到网络内的任何一个图书馆借阅文献,并将所借文献归还到网络内的任何一个图书馆;归还后的文献根据其产权归属,通过物流系统回归产权所属馆后继续流通。

(3) 完全通借通还。读者在一个服务网络内,可以持任何一个图书馆的读者证(或持统一读者证)到网络内任何一个图书馆借阅文献,并将所借文献归还到网络内任何一个图书馆,归还后的文献不管其产权归属,可以马上在所在馆继续出借。

(4) 网上预约借书。读者通过图书馆网站预约总馆或分馆图书,并确定取书地点,读者在接到通知后到约定的图书馆取书。

①网上预约已借出图书。图书归还时,归还到所在馆或部室,收到信息后,记录情况,通知读者取书。通知3天内有效,过期自动取消。②读者网上预约架上图书,查询图书所属馆藏,确定取书方式,由读者服务部通知所属馆或部室跟进。

(5) 流动车预约借书。读者通过图书馆图书流动车预约总馆图书,图书流动车在下次出车时将书送到读者手中。

①读者到流动车上预约图书,流动车人员查询图书所属馆藏,通知所属馆或部室将书找出,并送到流动车。②流动车接到书后,与图书所属馆进行交接,通知读者所在馆或读者本人取书时间、地点。

第六章 图书馆阅读推广的理论研究

公共图书馆作为人们寻求知识的重要渠道,为个人和社会群体进行终身教育、自主决策和文化发展提供了基本条件。必须将注意力置于下列重要活动,晨览、书目、讨论会、讲演、课程、电影和个人阅读指导等。必须激励阅读兴趣,不断通过精心策划的公共关系项目宣传推广图书馆服务。从这些描述来看,阅读推广并非纯粹的活动开展,而是涉及了多领域知识的系统工程。

第一节 基于传播学的阅读推广

传播是指人类通过符号和媒介交流信息,以期发生相应变化的活动,它伴随着人类社会的产生和发展而不断演进,是构成人类活动的一种特有现象。传播学就是在此基础上形成的一门学问,是研究人类如何运用符号进行社会信息交流的学科。传播学作为人文社会科学的基础学科,对其他学科的影响力不容小觑。可以说,一切有关人类生活的研究都不可避免地涉及这门学科。阅读推广是以"倡导阅读,弘扬文化"为主题的信息传播活动,是信息符号传送并且相互作用的过程,是一种基于传播学的信息推介行为。它同样具备传播活动的各个要素。

如何有效利用传播理论以最佳的方式进行信息扩散,是阅读推广所要解决的关键问题。本节从传播学角度对阅读推广进行科学审视,以"传播"为核心概念,宏观分析"阅读推广"的基础理论,试图构建阅读推广的传播模式理论框架。

一、传播学与阅读推广关系探究

(一)阅读推广与知识传播

知识是传播的重要物质基础,是传播赖以生存和发展的根基。知识传播是指知识信息通过跨越时空的扩散,使不同人群之间实现知识共享的过程,知识传播的本质就是把知识从其形式上的拥有者通过各种媒介传送给知识的接收者,使知识的接收者能够充分了解和分析所需的知识。

社会的文明和进步需要知识跨越时间和空间的传递、延承,知识只有通过传播,人们才能了解、学习和掌握,进而用习得的知识更好地为社会服务,促进社会的持续发展。

阅读推广是一种知识传播,是公益性的社会教育活动,也是传播社会文化的重要手段之一。在信息高速发展的今天,知识更新日新月异,人们对知识的渴求愈显迫切,这时急需一种指向性的阅读推手来激发大众的阅读兴趣,指明其阅读方向。阅读推广机构正是这样一个促进全民阅读的推手,它包括政府部门、出版社、学校、书店、图书馆等。这些机构兼具传递情报信息的功能和传播文化知识的教育功能,因此阅读推广机构在很大程度上肩负着满足社会大众信息需求和知识需要的重任。知识传播是人类文化得以保存和发展的基础之一,知识靠后天习得,因此知识的延续与发展有赖于文化的教育与传播,从这个意义上来讲,阅读推广机构所进行的阅读推广活动正是文化传播、保存和延续的一种方式。在时间维度上,阅读推广通过人类的代际相传使文化得以传递;在空间维度上,它通过地域的平行转移使文化得以传播。因此,可以说阅读推广是一种面向社会的公开性的知识传播。

(二)阅读推广的传播模式分析

传播模式是在理论上对传播中各个要素的互相影响和相关变量的关系进行描述并反映整个传播环节以及传播效果的一种方式。它是科学研

第六章　图书馆阅读推广的理论研究

究经常采用的方法,也是阅读推广研究的重要内容。传播模式是"对传播活动的内在机制与外部联系进行的一种直观的简洁的描述,也是一种象征性的拥有同现实传播活动相同的结构属性的合乎逻辑的设想",是研究传播过程、传播形式和传播效果的公式,优秀的传播模式兼具构造、解释、引导、简化和预示的功能。阅读推广作为有组织的传播活动,也遵循着这些功能。

阅读推广活动的策划实施有一定的秩序性,推广的内容具有解释和引导的功能,为受众指明具体的阅读方向;同时,阅读推广还具备传播模式的呈现性、整体性、启发性和实用性特点。阅读推广在利用语言文字、符号或者图形等方式进行信息推介时,具有超强的呈现性。推介的方式和内容必须推陈出新才能更加吸引受众眼球,以此达到更好的效果,而在受众进行内向传播的同时还完成了引导和启发的过程。

阅读推广无疑是一种传播现象,拉斯韦尔经典的5W传播模式就鲜明地概括了阅读推广的五大核心要素,即阅读推广主体、阅读推广内容、阅读推广渠道、阅读推广对象和阅读推广效果。

阅读推广活动中的传播者就是阅读推广主体,包括阅读推广活动的倡导者、组织者、实施者、支持者等,是整个阅读推广活动中发起并承担主要责任与义务的社会组织或个人。阅读推广内容是指根据阅读需求整合各种阅读资源推荐给适合的人,具有因材施教、因时制宜的特点。阅读推广渠道是"信息传递所必须经过的中介或必须借助的物质载体"。阅读推广渠道是多样化的,为普及阅读提供了更多的可能性,包括传统推广媒介(比如报刊、其他印刷品、标志等)、电子推广媒介(如广播电视、电子书刊、多媒体等)、设施推广媒介(如移动架栏、固定架栏、推介书架等)、网络推广媒介(如电子邮件、网站、微博、微信等)等。阅读推广对象是传播活动的受众,也就是阅读推广的目标群体,这类群体具有"受众性、广泛性、差异性、反馈性等特点"。阅读推广效果是指受众在接受推广内容后在其认知、情感、行为等层面做出的反应,是阅读推广产生的影响和结果,是检验阅读推广活动的重要尺度。

事实上,阅读推广并不是一个简单的线性传播活动,根据"马莱茨克大众传播场模式"分析,阅读推广应该是一个变量众多的社会互动过程,它受社会作用力之间互动及社会心理因素之间互动的影响。阅读推广有自己的传播动机,受众对媒介和信息的选择也有各自的特点,而受众的反馈信息更是阅读推广活动中的重要一环。

二、阅读推广的传播谋略

在信息竞争日益激烈的社会,谋略是一种在重大决策和行动中行之有效的思维方法,更是一种"创造性制胜条件"。传播谋略,顾名思义,是指传播者思维活动中的一种重要表现形式,是个体实现意志行动的智慧保证,也是将传播目的或动机转化为传播行为的关键一环。阅读推广作为一种文化传播行为,它的实践一再表明:阅读推广要想获得最佳传播效果,圆满完成自己的传播任务,除了要掌握传播的规律、原理和规则之外,还必须策划和运用各种行之有效的传播谋略。

(一)推广的运筹与决断

在阅读推广过程中,推广的运筹与决断直接影响阅读推广的效果,要想达到理想的推广效果,必须遵循正确的原则和标准。

第一,运筹与决断必须制定完善的决策机制。在传播机构中,决策层是筹备策略和实施计划的总枢纽、智囊团。无论是政府推动、社会组织还是图书馆主导的阅读推广,都离不开决策层的筹谋施谋,而一个完善的阅读推广决策机制应该由决策机构、参谋机构、智囊机构、信息系统四个部分组成。决策机构负责在初始阶段制定推广策略和内容,参谋或智囊机构重在参与策划、完善决策机制,信息系统则需要充分采集信息为决策过程进行阅读推广环境因素的分析。第二,运筹与决断必须确保传播内容的质量,只有选择优质可靠的推广主题才能更好地抓住受众眼球,吸引他们的注意力,从而达到更好的传播效果。第三,要保持谋略的弹性,也就是说阅读推广项目的策划要留有余地,有互补的方案,能及时修改、完善不足。第四,要精选筹划时机,阅读推广项目的实施要抓住重要的节点,比如在重大节假日进行有重点的推广。

(二)推广的基本步骤

阅读推广的策划与实施是一个循序渐进的科学系统,每个步骤都有其科学内涵,各个步骤之间联系紧密,逻辑分明。

阅读推广的策划与实施包括六个基本步骤。第一,情报活动。有针对性地搜集有关情报信息,确定目标人群和推广主题。第二,设计活动。也就是阅读推广的传播方案,必须集思广益,罗列尽可能多的推广方案,这是围绕目标群体和阅读主题所进行的具体思维活动。第三,选择活动。这是对设计活动过程的优化选择,将不同推广方案进行比较,权衡利弊,排除不利方案,择优选择。第四,宣传活动。任何一种传播活动都必须进行宣传,这包括项目实施前后的宣传。项目实施前,要精心制作宣传品,联合媒体在机构内外进行宣传。项目实施后,需要利用各种传播手段进行相应的报道。第五,实施活动。阅读推广项目的组织实施要有明确的团队分工,包括团队的构成、任务的分工,然后是编制时间进度计划,这样才能确保阅读推广项目的顺利进行。第六,评估活动。活动的评估是一种激励和改进的手段,也是提高资源利用率的有效手段。首先是对效果进行评估,效果评估是指对阅读推广项目所产生的效果进行的评估,一般结合阅读推广项目设定的目标进行,包括对读者借阅量变化的分析、读者阅读意愿或能力变化的分析及对媒体报道情况的分析。其次是对过程的评估,即对项目的整个过程进行评估。如果传播没有达到预期效果,需要重点审视几个问题:项目策划是否科学合理、项目宣传是否到位、项目实施是否顺利。

(三)经典策略

古今传播的经典谋略形形色色,数不胜数,其中有几种经典谋略可以加以利用,帮助阅读推广取得更好的效果。

1.光辉泛化法

光辉泛化法也称晕轮效应、光环效应,是一个经典的心理学效应,它的特点是将某个事物同人们普遍认同的好的事物或概念联系在一起,通过好事物的光辉泛化,使人们不经检验和查证就接受或赞同这一事物。阅读推广本身就是一种公益活动,具有好的品质,如果在推广内容上对受众投其所好,满足受众的心理需求,给他们提供一个良好的初印象,必定能取得更佳的推广效果。

2. 证词法

证词法也就是现身说法,就是设法让某些令人尊敬的或令人讨厌的人以作证的形式说某人或某事物的好或者不好。这种方法类似于后面讲到的"意见领袖"和"名人效应",阅读推广有时候选择具有公众影响力的人物进行某个主题的推广,更能吸引受众注意力。

3. 乐队花车法

乐队花车法是一种从众效应,这一策略试图让人们相信当前几乎所有的人都在齐心协力地做某件事,你如果不想落伍,就应该同大家保持一致。

这是一个全民阅读的时代,这样的口号已经给全民提出了基本暗示,暗示全民都在阅读。在阅读推广的过程中,可以多采用此种方法,激励受众参与。

(四)推广技巧

推广技巧可以说是打动受众进而影响推广结果的重要因素,因此为了达到预期目的,推广机构不得不采取一些有效的策略方法。在阅读推广的过程中,可以借鉴传播学中的"议程设置""舆论领袖"和"名人效应"策略达到最佳的推广效果。

在阅读推广过程中,合理的媒介"议程设置"能够把受众的注意力引导至特定的方向,能为活动争取更多人的关注和支持。媒介在推广全民阅读、倡导主流价值观、传播科学知识、传播文化等方面发挥着重要的作用,因此在做阅读推广的时候,要充分利用大众媒介的权威性引导全民阅读。媒介作为阅读推广的重要手段,它在资金运转、宣传平台和活动策划方面具有一定的优势,能够与图书馆所拥有的读者、场地、策划和组织活动的经验等正好形成优势互补。

三、传播学视野下阅读推广实现要素

阅读推广作为一种积极的文化传播活动,同样具备传播活动的各个环节,推广人物、推广素材、传播渠道、运行机制等方面不同程度地影响着阅读推广的效果,是实现全民阅读推广活动有效进行的重要因素。

(一)推广人物

心理学家卡尔·霍夫兰根据对信源的可信性与说服效果关系的实证研究结果,提出了"可信性效果"的概念,即信源的可信度越高,其说服效果越大;反之,信源的可信度越低,其说服效果越小。而可信度主要取决于两个要素:一是传播者的信誉,二是传播者的专业权威性。因此,阅读推广的效果很大程度上取决于推广人物的可信度。这表明,传播者专业权威形象能够提升自身的魅力和公信力,能够让受众乐于信任和接受其传播的内容。

阅读推广要实现大众化的宏伟目标,推广人员应具备以下要素。首先,应该具备传播学中的"守门人"意识,以提高责任心。守门人也就是对整个推广计划进行把关的人,他在文化传播中可以决定什么性质的信息可被传播、传播数量以及如何传播等。其次,建立专业化队伍,推广人员必须经过专业的培训,建立合理的知识结构,加强专业素养和媒介素养以提高其权威性。最后,应该加强个人的道德修养以提高信誉度,争取平等的双向交流,重视受众的心理和反馈信息。推广人员必须有扎实的业务水平,善于利用娴熟的人际传播技巧挖掘受众的潜在需求,使传播内容与之相耦合,尽可能在受众心中建立信任感和亲切感。由此,阅读推广人员才能通过德业双馨的个人魅力更大化地发挥"可信性效应"的积极作用,进而追求阅读大众化的最佳效果。

(二)推广素材

丰富的阅读推广素材和有特色的推广形式是受众喜闻乐见的,由于人民大众受其科学文化水平和专业知识的局限,他们更喜欢接受通俗易懂、简单有趣的信息,因此在阅读推广素材的加工上有一定的要求。首先要使推广内容趋于通俗化,推广标语和内容力求简短有趣、接地气,能引起情感共鸣,比如在做推广标语的时候可以有针对性地巧用谚语、成语、歇后语、流行语等。通俗化的推广内容有利于受众理解和掌握,提高推广内容的可接受性。

丰富推广素材还要求提高推广内容对现实生活的有益性。不同的受众在接收信息的时候有不同的社会需求,有些是为了解决生活中遇到的难题,有些是为了社交的需要,有些是为了学习研究需要,有些则是为了娱乐消遣的需要。

阅读推广素材重点是要求加强文献信息的完备性。如图书馆,它吸引读者的一个重要因素就是信息的完备性。因此阅读推广机构应该注重分析受众的信息需求,并进行不同分类,如生活类、大众读物、学术文化类等,各个阅读推广机构要善于资源共享。

(三)推广渠道

随着信息化的快速发展、网络的迅速普及,阅读推广活动同样需要积极利用各种现代信息技术来挖掘传统媒介潜力,拓展新兴媒介优势,以提高信息的传递能力和利用能力。

随着信息化浪潮的席卷而来,受众的阅读兴趣和方式发生了很大的变化,要成功应对这样新的挑战,各大阅读推广机构应该做到以下几点。首先,充分利用网络平台,为受众提供多元化的阅读平台,加快改革步伐,在机构平台主页建立导读系统,加强所藏资源的数字化进程;加强与其他阅读推广机构的合作,实现资源共享。其次,充分借助手机及其他电子产品平台,为受众打造新型的掌上图书馆。随着智能手机的广泛应用,各推广机构应适时推出掌上图书馆业务,用掌上平台提供丰富的电子图书资源和共享工程的信息资源。再次,各阅读推广机构应该积极主动建立图书流动站,为受众创造图书馆服务网点,供其方便快捷地畅读精品图书。最后,加强与新闻媒体、出版发行部门、相关公益机构的通力合作,共同促进阅读推广活动的广泛开展。

(四)运行机制

完善的运行机制有助于工作的顺利开展、计划的长期实施、目标的全面实现。运行机制的完善需要重视制度建设,健全推广机制,打牢工作基础,由此实现阅读推广活动常态化。

设立专门的推广机构,设置专职人员和专项经费,统一筹划、协调、运作、开展活动;确立评估体系指标,具有指导阅读活动开展、多点观测及检验评估的功能;科学制订计划,在策划中重点突出主题、精心设计图案,做到活动计划的长短结合,形成品牌;建立激励机制,重点坚持以人为本与"四性"(目的性、系统性、针对性、适度性)原则,激励手段主要有物质激励、精神激励等;健全管理机制,提高管理水平,加大保障力度,健全人员招募、培训、管理、激励等工作机制,推动和规范阅读推广活动有序开展;完善反馈机制,"受众不仅是传播媒介积极主动的接近者、参与者,还是传播效果的'显示器''晴雨表',在传播活动中扮演着非常重要的角色。"受众的反馈意见是对推广活动的有效评价,是检验和衡量信息、推广效果的基本依据,是改善推广机构决策的重要凭证,对下一次推广活动有调节、修正、指导的作用。

第二节　基于心理学的阅读推广

阅读推广的顺利进行首先要突破的问题就是对受众的阅读需求和心理进行研究,而对受众阅读心理的剖析离不开心理学的科学指导。心理学就是研究人的心理现象(精神现象)及其活动规律的科学。

受众对阅读的心理需求无外乎寻求情报、解决问题、强化信念、社交需要、安慰消遣等,常见的受众心理有从众心理、模仿与流行、佐证心理、得益心理、求新心理、求近心理、选择心理和逆反心理。受众的阅读心理是阅读推广首先要解决的问题,这就要求我们掌握心理学的相关知识,通过心理学透析大众读者的阅读行为。心理学可以作为阅读推广活动的科学基础,这一点对阅读推广未来的发展至关重要。

一、受众阅读心理需求

受众,简单来说,就是接收信息的人,是信息传播的目的地。专业地讲,受众是信息产品的消费者、传播符号的"译码者"、传播活动的参与者、传播效果的反馈者,是实现信息完整传播的重要环节,对信息的传播起着至关重要的作用。受众的类型也是千差万别的,不同的受众有着不同的思想观念、文化素质、社会特点和兴趣爱好等,他们对阅读有着不同的心理需求,只有抓住不同受众的心理特点采取相应的阅读推广方略,才能使推广活动收到预期的效果。

《中国大百科全书·教育卷》对"阅读心理"做了这样的解释:"阅读是从写的或印的语言符号中取得意义的心理过程,阅读也是一种基本的智力技能,它是由一系列的过程和行为构成的总和。"也就是说,阅读的时候会产生一系列心理过程,各种心智因素(感知、想象、记忆等)、心智技能(分析、推理、归纳等)、意向活动(动机、兴趣、意志等)参与其中,各环节相互作用,进而形成一个渐进的认知过程。这一过程决定了一个人的阅读能力和阅读水平。如果在做全民阅读推广的时候能够准确地把握多种阅读心理因素及其交互作用的阅读认知心理过程,对于改善阅读主体的阅读能力、提高其阅读水平无疑具有重要的意义。

(一)知识分子

《辞海》对"知识分子"的界定是:"有一定文化科学知识的脑力劳动者。"通常知识分子具备三个特点,有专业的知识或专门技艺所依托的独特创造力;具有独立、自由、健全的个人生活,包括思想、价值观等的独立;有社会责任感,坚持正义、真理。

根据对阅读推广阐述的需要,可以将知识分子划分为三个群体:社会精英、教师、学生。由于他们的职业、职务、爱好和年龄等差异,其阅读需求也是各具特色、千差万别的,但他们的阅读心态可概括为六种类型。第一,消遣娱乐型。这种类型的读者受众多是为了缓解紧张的工作和学习,用愉快的阅读活动消除疲劳、调节精神。此时的阅读需要多是文学艺术作品和各种具有知识性、趣味性的报纸、杂志等,目的是开阔视野、增长见闻、陶冶情操,从阅读中获得美的享受。第二,应用型。这种类型的读者受众主要由决策管理人员和具有实际经验的工作者构成,他们的阅读需要是吸收、借鉴现有的政策、经验、科学技术知识等助益生活和工作。第三,知识增进型。这种类型的读者受众以教师和学生为主,他们的阅读目的明确,阅读需要具有专业性、基础性、系统性和广博性等特点。他们通过阅读来提高文学水平和理论水平,用阅读进行自我教育、自我提高,以适应教研、学习的需要。第四,资料查证型。这种类型的读者受众主要是想通过阅读查询具体信息和解决问题的办法来处理在教学中遇到的困难,目的是答疑释惑。第五,科研追踪型。这种类型的读者受众是期望通过了解和掌握某学科、某领域国内外的科研进展情况和最新成果来助力自己的学习、研究。第六,学术创造型。这种类型的读者受众大多为较高层次的研究工作者,他们的阅读需求较高,大多关心所涉领域中水平较高、专业性较强的国内外科技信息,为了充实自我,启迪思考,开拓创新。

(二)普通民众

普通民众的阅读心理研究主要集中在市民和农民两个群体,他们的阅读需求主要体现在与工作相关的各种专业知识、经验以及与实际生活密切联系的内容。由于市民涵盖的社会职业种类千差万别,因此不同的职业类别对阅读有着不同的需求。①干部领导型受众的阅读需求主要集中在宏观层面,他们对经济、文化、法律法规等方面的信息需求量大,而且要有一定的理论性和预测性。②专业技术人员的阅读心理则是以本专业、本学科的信息为主,对阅读信息要求全、新、深,以进行知识更新和补缺。③岗位培训型受众的阅读需求是以岗位为中心,以提高职业道德水平、工作能力和生产技能为目的,他们对阅读信息的需求明确,讲究实用。

农民获取信息的主要媒介是报纸、电视、广播、书籍等,他们关注的信息主要集中于民生民情、经济法治、生活科技、种植养殖、医疗健康等方面,他们最关注的信息在于各项涉农政策及农牧培育知识。农民的阅读规律体现在四个方面：通俗性、科普性、多样性和实用性。通俗性表现在农民对文学读物尤其是通俗读物的喜爱。科普性体现在农民关注科技兴农方面的知识,喜爱科技读物。多样性体现在农民的阅读需求随农村发展的多样化而变化,如普通农民重视耕种技术,农民企业家需要工业技术指导读物,青年工人和农村读者则对武侠、警匪类的连环画感兴趣。农民对阅读的内容大多要求通俗详细、浅显易懂、实用性强,他们往往借助阅读解决生产、生活中遇到的难题,这体现了对阅读的实用性需求。

(三)少年儿童

儿童富于想象,他们对自然充满了好奇心理,喜欢听故事,一些家长尤其重视早期阅读,因此自然科普、童话故事、智力游戏、手工艺类图书较受欢迎。近年来,随着社会对人们知识能力的要求提高,家长对知识文化的重视程度也相应提高,普遍愿意为孩子进行文化智力投资。

小学中高年级儿童,刚步入阅读期,他们的大脑机能进一步完善,学习开始成为主导活动。这个时期是他们形成人生观、世界观的萌芽阶段,是儿童心理上一个重要的转折期。他们对少年英雄这类依靠勇气和智慧解决问题的冒险、推理故事比较感兴趣,因此用英雄故事类书籍引导他们最有效。

少年期儿童,到了学龄中期,这一时期又叫"危险期",他们的心理特征突出地表现为幼稚与成熟参半,看待事情片面化,敏感冲动,需要正确引导。他们喜欢名人传记、科普读物、侦探小说、大众流行等一类的成人读物,阅读过程中,他们还会剖析书中人物内心世界和行为动机,对英雄人物则产生崇拜心理。

青少年期的读者,人格更加成熟,有自己的理想,相较前三类读者而言,其阅读更具独立性和批判性。他们的阅读兴趣也会随着年龄的增长而变得宽泛,喜爱古今中外优秀文艺书籍、科普类和传记类读物。此外,他们还会使用工具书、课程辅导类图书期刊解决学习中的困难。课程竞赛类书籍也是他们的选择之一。

(四)老年人

老年人有丰富的人生阅历,生活和事业基本定型,他们中多数人具有较高的学历和较高的职称,对精神层面有更高的追求,其阅读需求专业性较强,学术性较浓,大致有四种类型的阅读需求:圆梦型、奉献型、研究著述型、自我完善型。

①圆梦型读者的阅读需求主要表现在不少老年读者对年轻时梦想的继续追求,由于退休后时间充裕、精力充沛,他们开始重拾对绘画、书法、园艺、乐器等的热爱。②奉献型读者体现在对公益事业的热衷,有些老年人把精力都投诸到公益事业,如"退协"和志愿者等新岗位,于是一些相关的领域信息便成为他们学习的对象。③研究著述型读者对自己的事业和人生有不同的感悟,他们在工作生活中积累了丰富的材料,闲暇时光则将其写成著述。在研究的过程中,他们会关注并利用文、史、法、医学类书籍。④自我完善型读者比较注重晚年精神生活,开始享受和品味生活,喜欢在阅读的愉悦中陶冶情操、完善、净化自己的心灵世界。

除了那些仍热心探索人生和社会真谛、业务上精益求精的老年读者外,还有部分老年读者普遍表现出对治安、公共福利、卫生保健、养生娱乐等方面知识的关注。因此,养老保健、卫生福利、曲艺棋牌等娱乐性质的书籍颇受他们的欢迎。

研究和把握多种类型读者受众的阅读需求和阅读心理是为了有针对性地进行阅读推广工作,使之更好地为读者受众服务。

二、阅读推广的心理学研究

人的精神世界产生的一切活动称为心理活动,是人类特有的精神现象。心理学就是有针对性地直接研究人的精神现象的学科。心理学作为研究人的心理现象的科学已被广泛应用于各个领域,在做阅读推广工作时,若能合理地利用相关的心理学理论进行指导,阅读推广就能够取得更理想的效果。

(一)感知觉与阅读推广

感觉是最直接的一种心理现象,知觉基于此,且是对感觉的深入。感觉是直观的感受,决定着某件事物能否给人留下良好的第一印象,第一印象良好则会抓住读者的味蕾保持其对阅读的持续兴趣。阅读推广需要注意的方面太多,不仅要针对不同的群体采取不同的推广方式、推广内容,阅读环境也相当重要。因此,阅读活动的包装、宣传、评估、反馈及阅读环境的建设等方面都是推广机构需要积极思考的问题。比如阅览室的设计,从感觉的角度出发,推广机构要考虑墙体、桌椅、地板等色彩的搭配,还要注意光线的明暗、物体安置的距离、绿色植物的摆放等,否则会引起读者视觉疲劳。此外,阅览室分区要清晰明显,书架、书桌的摆放尽量形成对比,对一些提示性、警示性的重要标志应当用鲜明的颜色或形状区分开来,整体上色彩搭配合适、分区合理、视野明亮、大方美观的阅读环境才能长久地留住读者。

知觉以感觉为基础,是"对感觉的信息进行组织和解释,并且赋予意义的加工过程"。通过知觉,才能对事物有一个完整的印象,从而了解其意义。知觉是人的一种主动对信息加工、推论和理解的行为,受过去经验、言语思维、当前环境和未来计划的影响,因此时常出现感知与现实不符的情况。由此,为了避免受众产生感知偏差,在阅读推广时应该注意:尽量给读者提供简明扼要、清晰易懂的推广内容,理解受众的阅读目的,预判受众的阅读动机,确保其在每一次的感知过程中能够迅速地集中注意力,及时获取需求信息。

人的感觉器官都有感觉适应阶段,若刺激过度,则会造成读者对刺激物的感受能力的降低,产生边际递减效应,因此在做阅读推广时要把握适度的原则。

(二)记忆力与阅读推广

19世纪末,著名的德国心理学家艾宾浩斯开创了记忆实验研究的先河,由此,记忆问题备受心理学家、生理学家的关注,并且在此基础上取得了诸多有价值的研究成果。所谓"记忆",是指"人脑对过去经验反映的心理过程"。根据记忆内容与对象的不同分类,记忆可以分为形象记忆、语词逻辑记忆、情绪记忆和动作记忆。

形象记忆重在感知事物的形象,是一种直观、感性的记忆,它是直接对客观事物的形状、大小、体积、颜色、声音、气味、滋味、软硬、冷热等具体形象和外貌的记忆。具象的形态是通过视觉被直接感知的,更容易与人们记忆中的形象产生类比和共鸣,形象化的表现有着更大的接受群体。对于阅读推广海报的制作来说,使用形象是一个福音,经过美化的文字、形象、与文字紧密结合的形象更容易让人产生共鸣,使人记住。

语词逻辑记忆称为意义记忆或词的抽象记忆,主要是以学过的知识、概念、判断、原理、公式等为内容的记忆,是人类保存经验的主要形式,它随着抽象思维能力的发展而发展。在阅读推广中,充分考虑产品的品牌,或者概念性的常识,可以及时调动人们记忆中的知识和经验板块,加深对推广内容的印象。

在阅读推广过程中,还可以利用情绪记忆和动作记忆来加强活动效果。情绪记忆是对体验过的某种情绪(如喜、怒、哀、乐等)或情感的记忆,而动作记忆则是以操作过的动作、运动、活动为内容的记忆,属于形象记忆的一种特殊形式。在阅读推广过程中可以据此多开展一些邀请受众参与的阅读互动活动,比如"真人图书馆""读书沙龙""诗词吟诵"等,不仅吸引受众眼球,更能加强受众对阅读推广内容的记忆。

(三)注意力与阅读推广

著名思想家荀子有言:"心不在焉,则白黑在前而目不见,雷鼓在侧而耳不闻。"说明一切心理活动的进行都离不开注意力,注意力总是和心理过程紧密联系在一起的。在注意力经济时代,吸引并维持受众的注意力是阅读推广成功的关键,唯有创新推广活动,抓住受众阅读心理,用新颖、接地气的推广方式提供可信赖的阅读内容,才能更好地激发受众的阅读兴趣。

通常情况下,人们比较容易从他们所关注的事物上分散注意力,但也能够做到过滤其他刺激而只关注一件事。人们的这种高度集中且具有选择性的注意对阅读推广的启示就是：受众的注意力通常会被移动的物体、人物画像、美食图文等吸引，突发的噪声和与危险相关的图文等也会引起他们的注意。阅读推广活动可以充分利用电影、动画等可移动的物体及人脸、美食等直观图片吸引受众的眼球，设计更符合其认知的方案。

通过心理学研究发现，人们在浏览信息时，视知觉分配并不均匀，他们会更关注那些能够对自己形成视觉冲击或较符合自己审美的部分。因此，在阅读推广中，推广媒介界面的设计和海报的设计布局应该锁定读者群特点，找准其视觉冲击点，设计出符合该目标群体审美的宣传材料，才能引起他们的注意。研究还表明，人眼在看网络界面或者纸质页面的时候，通常是对左上角区域较为敏感，这就意味着设计者要格外重视左上角部分，重要信息集中于此，以便第一时间为受众获取关键信息。

此外，新形式的推广活动能够激励更多读者加入阅读队伍。随着网络媒体的发达，阅读推广活动能够很好地实现线上线下的完美结合，比如线上借助各种媒体手段发布活动内容、微电影、微视频等进行宣传，线下则举办丰富多彩的阅读推广活动，如经典演读、读书沙龙、以书会友、知识竞赛等。线上线下相结合既为受众提供喜闻乐见的表现形式，也为其提供了新的社交平台，以书会友，分享心得。

（四）动机理论与阅读推广

动机是在需求的基础上产生的，在心理学上一般被认为涉及行为的发端、方向、强度和持续性。动机理论就是对动机这一概念所做的理论性与系统性的阐释，20世纪50年代，马斯洛的动机理论"需求层次论"受到心理学界的普遍重视，他以追求自我实现为人性的本质。根据人类对自尊的需求、求知需求、审美需求和自我实现的需求，必然对知识有强烈的追求心理，而阅读是最佳的一种休憩和充电的方式，对阅读推广来说，动机是促进全民阅读的关键因素。

动机的激发是指在特定情境下，使之主动参与阅读，促使受众心理过程积极化，并实现价值内化。

动机理论还启示阅读推广机构注重适时、合理的奖励,以此来激励和强化受众的阅读行为,加强其阅读动机。合理的强化方式是提高受众参与积极性的重要手段,比起类似强迫阅读的特质奖励而言,精神奖励更有效且能培养受众对阅读的长期兴趣。进步可以带来强大的动力,人们喜欢不断进步的感觉,通过阅读掌握新知识或新技能,可以让受众更具满足感,通过精神激励可以激发读者内在的阅读动机。

三、心理学对阅读推广的启示

(一)充分把握读者心理需求

阅读推广机构是面向社会开放的知识宝库,社会的发展变化引领读者心理需求的发展趋势,不同读者因年龄、阅历、文化、职业、爱好、情趣、志向等差异具有不同的阅读心理。随着社会的发展进步,心理需求的发展趋势也会不断的变化。读者的选择性体现了心理需求的个性化,因此充分把握读者心理需求,提供个性化服务,阅读推广才能取得较好的效果。

阅读推广机构针对不同阅读群体提供个性化服务可以从以下几个方面着手:服务观念从"读者服务"转向"协调,合作、共享";服务形象从热情周到的"服务员"转变到迅速方便的"信息导航员";服务方式上实现阅读推广机构网络化和知识信息的社会化管理,建立网络信息化保障组织体系,建立健全信息管理的规章制度和"读者数据库",实现更大范围的信息资源共建共享;服务环境的改变则需要帮助读者缩小"信息鸿沟",打造方便快捷、舒适活泼的阅读环境,建立积极的阅读氛围,让读者取阅更轻松。

阅读推广的前提是尊重读者的阅读需求。读者的情感要素是直接影响其阅读成效的重要因素,因此把握读者心理需求针对不同人群适时推出合适的阅读内容、提供个性化阅读服务在全民阅读推广活动中显得尤为重要。

(二)遵循动机行为生成规律

阅读动机是推动人们进行阅读活动的原因,也是人们坚持阅读的动力。动机就是目的,假如要考究每个人每次阅读的心理动因,必定五花八门。但若就其原始性动机而言,则不外乎四种行为类型:为了完成学业和应对考试;为了增长知识和启迪智力;为了科学研究和技术攻关;为了休闲娱乐和消遣时光。无论何种动机形成的阅读行为都可以形成规律,只要遵循动机行为形成的规律,阅读推广便有章可循,逐渐形成常态化活动。

面对第一种动机行为"为了完成学业和应对考试"的读者,其共同点很大程度上受教材、教学大纲和考试指南的制约。由于其闲暇阅读的时间和精力有限,且受考试期限的限制,故此类读者的阅读心态可用一个"急"字概括,阅读推广人员可帮助其快捷地找到对口文献,迅速查到既易于理解又便于记忆的简明答案。第二种动机行为"为了增长知识和启迪智力"的读者,阅读对他们来说是终身学习的重要手段,这类读者群体数量庞大,他们对知识的需求量大,只要有助于其成长的阅读内容都可推广。第三种动机行为"为了科学研究和技术攻关"的读者,他们具有较为广博的科学文化知识和相对高深的专业技术水平,这类读者对专业方面的新知识、新发展、新技术、新信息充满着渴望和追求,在文献推广方面则需要对其课题、技术的历史和现状有较全面、透彻了解的专业推广人士进行专业推广。第四种动机行为"为了休闲娱乐和消遣时光"的读者,他们的阅读心态可用一个"随"字概括,因没有特定的目的,既会随时随地翻阅书刊报纸,也会对阅读内容不做刻意的选择,因此对其做阅读推广随意性较大。

动机能产生一定的驱动力,这种驱动力又能产生三种作用:促进作用,可以说人的一切行为都是因为由一定的动机而引发的;导向作用,动机会引导人们的行为向某一目标、某一方向发展;维持作用,当人们行为的目标未获得满足时,动机会长时期保持其驱动力,并鞭策着人们继续朝着预定的目标努力。

(三)适时建立良好的人际关系

阅读推广过程中,良好的人际关系取决于推广机构和受众双方在阅读推广活动中是否取得各自的需要,以及交往中各自的满足程度。如果受众在阅读活动中获得了良好的情感体验,就会自然缩短受众与阅读推广人的心理距离,激发其阅读的积极性;反之,则会拉大彼此的心理距离,使受众产生抗拒心理。良好的人际关系都是建立在尊重和友善的基础之上,站在受众的角度满足需求,能够改变受众的消极心理,增强信任度,激发顺应性情感,利于双向沟通,为阅读推广活动的顺利进行打造了良好的开端。

在全民阅读推广活动中,推广机构应该运用不同的交流策略与不同的年龄、偏好、背景的读者展开交流,通过沟通交流使大众读者能够清楚地明白推广活动的目的、内容、安排等具体信息;同时推广者也应是优秀的倾听者,通过倾听理解读者的阅读期望与困境,并在此基础上有针对性地转变读者的阅读态度,培养其阅读习惯,改进其阅读技巧,引导其摸索出适合自己的阅读模式,从而融会贯通地开展独立、自定步调的阅读。

阅读推广的使命是将有意义的推广内容渗透到受众的思维和感觉中去,给予他们影响,帮助他们认识书的价值和阅读价值,增强对阅读的兴趣和动机,让他们学会读书、热爱读书。

第三节 基于教育学的阅读推广

教育是人类延续的关键因素,是民族解放的思想武器,是社会进步的不竭动力。可见教育对民族发展的重要性,儿童教育的成功更是社会进步的起点,是民族强大的根基。

人类的教育活动同传播活动一样,是随着人类社会的诞生而诞生的,人类社会的发展史同时也是一部教育发展史。

阅读推广是教育普及的一种特殊形式,它为全民提供免费的教育信息和教育资源,在阅读推广面前人人平等,人人都可以自由地接受它的洗礼,享受它的熏陶。虽然阅读推广不同于学校教育,但它对全民的发展具有同样重要的教育意义,如果能够在实践中科学地运用教育学原理进行指导,有助于深化阅读推广的教育职能。

一、阅读推广的教育功能

今天,人类已步入智力密集型的信息时代,社会对人的素质提出了更高要求,大量优质人才的需求与教育实力的薄弱之间存在巨大的剪刀差,它只能靠阅读推广这类的社会教育机构来弥补。由此可见,阅读推广机构担任的社会教育任务是何等的繁重而光荣。

功能就是作用的意思,教育是培养人的社会实践活动,"教育的功能就是教育的作用,是指教育对个体发展、对整个社会系统的维持和发展所产生的作用和影响。"阅读推广的教育作用主要体现在三个方面:科学知识的传播、道德心灵的教化、人文素质的培育。

(一)科学知识的传播

阅读推广作为一种倡导阅读的有益活动,它为大众读者提供了形式各异的阅读方法,培养了阅读兴趣、指明了阅读方向、提升了阅读素养,是扩大知识传播的重要手段,是丰富人类精神生活的重要方式。阅读推广在激活大众阅读的主动性、改变阅读低迷局面方面做出了不懈地努力,不仅满足了人民群众日益增长的阅读需求,促进了古今中外阅读理论和阅读实践的深入传播,还加强了国家文化软实力和文化安全的建设,提升了中华文化在国际上的影响力,将全民阅读活动推向了一定的深度和广度。

(二)道德心灵的教化

读书可以清心明志、陶冶情操、净润灵魂,可以美化心理品格,提升人生境界,加速成功步伐。阅读是依靠信息素养、知识品质和文化趣味来获得精神品质的一种生活方式,它是人类心灵的净化师,人类灵魂的工程师。阅读推广承担着对社会道德的宣传、传统美德的弘扬,无形中影响着人们的情感态度、意志品格和言语行动,引导人们走向真、善、美。阅读推广的有效进行会让更多的读者享受心灵的洗涤、气质的升华、人格的净化。

(三)人文素质的培养

阅读是人们学习知识的最根本途径,通过阅读可以发展智力、提升技能。一个人的阅读能力和阅读水平直接影响着他的成长过程,关乎其对社会的贡献程度,甚至决定了一个民族的基本素质、创造能力和发展潜力。一个民族的发展壮大需要文化认同和共同的价值理念,而共同的价值理念是建立在这个民族共有的优秀文化之上的。这些优秀的传统文化是民族进步的最基本的价值核心,具有价值引领和导向的作用。文化的传承急需阅读推广这样一个普遍存在的机构来普及阅读,完成文化传播、提升全民素质的使命。阅读推广对全民阅读力的激发具有积极促进的作用,它是知识传播、人才培养、文化创新、科学创造的必经之路,是一个民族长盛不衰、永葆青春活力的力量源泉。

二、基于教育学的阅读推广策略

(一)坚持价值导向

阅读是文化传承的重要手段,传播优秀文化则需要坚持正确的价值导向。所谓"价值导向",指的是社会或群体、个人将某种价值立场、价值态度以及基本价值倾向确定为主导的追求方向。任何一个社会的发展都离不开正确的价值导向。阅读推广坚持正确的价值导向、提供优质的阅读内容是社会健康发展的前提。

阅读推广工作要以客观的态度与职业素养为基础,推广人犹如伫立于学海中央、照亮各方的灯塔,赋予所推荐的文献以光芒,推广人应保持谦卑之心和对智慧的尊重,以职业心态发挥推广的教育职能。阅读作为非职业教育的组成部分,它能让人增长见识、改变思维、净化心灵、陶冶情操。但当前,随着电子资源的不断丰富,阅读资源呈现种类繁多的同时,也存在阅读质量参差不齐的现象。因此,在阅读推广过程中,对阅读推广者有更高的道德要求,他们必须有辨别是非的能力,尽可能选择符合社会主义核心价值观的优秀文献进行宣传推广,对大众读者的价值取向和行为特征发挥正向规范、引导的作用。

(二)引导深度阅读

随着信息社会的迅速发展,网络的普及、快餐文化的传播、传播媒介的改变深刻地影响了人们的阅读观念和思维方式,大众阅读在走向多样化的同时走向了浅表化:快餐式、浏览式、随意性、跳跃性、碎片化,它符合大众流行文化的一切基本品质,迅速享用、迅速愉悦然后迅速抛弃。作为提升全民素质的重要推手,阅读推广必须站在社会进步的角度,以明确的目标、特定的意图、正确的价值导向、严谨的知识结构、完整的内容体系、相应的内容深度来普及全民教育,引导深度阅读。

营造良好氛围,吸引大众阅读。阅读虽说是一种主观活动,但客观环境对人们阅读心理的影响也是不容忽视的。因此,努力营造宁静、开阔、清新的环境,读者才能聚精会神、专心致志地读书。

介绍阅读方法,引领深入阅读。书要多读、深读、重读、研读才会有新的发现,厚积而薄发。这就要求读者逐字逐句地研读,要查阅资料融入思考地读,如此才能通过阅读实现自我提升、自我创新。

加强权威推荐,促进图书导读。采用权威推荐,组织邀请专家根据读者对象、学科领域、阅读目标、阅读兴趣的不同编制不同的导读书目,引导全社会的阅读工作;积极开展书评,指点得失、品评高下的书评对大众读者正确选择书籍、提高阅读效率、深入解读作品、提升阅读水平都大有裨益;推荐经典阅读,经典名著是古人智慧的精髓及文化的宝藏,在文化传承、塑造人格和涵养智慧等方面不可替代。深度阅读不是全盘复古,而是对古典名著精神的批判性继承,引导大众在经典阅读中开阔视野、活跃思维、提高修养。

利用各大节庆,拓展阅读活动。充分利用时间节点开展丰富多彩的阅读活动,抓住各大节庆,如国家节庆、国际节庆等,组织图书联展、公益讲座、作家签售、经典诵读、知识竞赛等,吸引大众读者参与读书活动,不断培养读者深入阅读的兴趣和在阅读中思考的习惯。

(三)因人因材施教

因材施教原则应用至阅读推广活动中则要求推广主体要根据受众的实际情况、个别差异与个性特点进行有侧重的宣传推广,使每位读者都能根据自己的兴趣找到自己所喜欢的读物,或者是有效地帮助一些受众找到阅读兴趣,爱上阅读。开展阅读推广工作要关注读者的阅读需求,加强与读者的沟通,帮助读者实现有效阅读。比如从高校图书馆的阅读推广来看,可以通过以下几个途径实现有效推广。

从读者兴趣、专业阅读需求来配置和推荐文献,而不是单纯以现有文献的阅读量、畅销书情况作为推荐依据,推荐的文献需要通过学科专家的认同,或由学科专家提供推荐意见,这样推荐的文献才有被读者不断传阅的生命力。

提供个性化的阅读服务,比如根据大学生专业学习、留学、考研、求职等需求,制作相关的阅读推荐内容,对图书馆读者借阅数据进行数据挖掘,提供相关的书目,并注意收集读者的阅读反馈,长期与学生建立阅读联系。

树立品牌意识,重视宣传。很多图书馆花费大量人力、财力策划读书节等活动,但对活动的宣传不够,持续性也不够,导致活动流于形式。品牌的树立除了需要图书馆自身的努力,还需要得到学校相关部门的支持和协同经营,比如和学校学生处、学校相关社团的活动密切结合,配合相应的阅读评价措施,比如引入大学生读书学分等,使图书馆阅读教育的品牌根植于校园的每个角落,将阅读精神植入大学生血液。

(四)循序渐进推广

成功是一个化整为零、循序渐进的过程,并非一蹴而就。循序渐进就是按照一定的顺序、步骤逐渐推进,是教育学中一个重要的教学原则。教学注重顺序性、逻辑性,宋朝著名的教育思想家朱熹对教学曾提出这样的要求:"循序而渐进,熟读而精思",如果教学不按一定顺序、杂乱无章地进行,就会干扰学生的思想,使其陷入混乱而没有收获。事物的发展都是一个循序渐进的过程,切不可操之过急,阅读推广也不例外。阅读推广活动要有顺序地、系统地开展,否则难以达到培养大众读者兴趣、提高阅读能力的效果。

第一,制订完备的阅读推广长期战略规划和年度推广计划。长期战略规划是为远景目标提供现实可行的思路、方法,对远景目标的实现具有指导意义。而计划是实施战略规划的必要途径,年度推广计划是促进读者受众短期和近期阅读目标实现的具体措施,是阅读推广的纲领性文件。

第二,阅读推广的内容、方法、进度要遵循目标群体的心理发展序列,顺应受众的发展水平,以使受众有秩序地、系统地、逐步地掌握阅读推广所传递的信息。比如对儿童的阅读推广,要在儿童发展的最适宜的年龄阶段采用最适合儿童年龄特点的推广方式和推广内容,才能最大限度地促进儿童的身心健康、和谐发展,从而实现教育的优质、快速和高效。

第三,阅读推广要由浅入深、由简到繁地进行。这是循序渐进应该遵循的基本要求,也是行之有效的宝贵经验。阅读推广如果不顾受众的循序性,盲目追求速成,跳跃式前进,必定导致"欲速则不达"的失败后果。阅读推广还要有所重点地进行,不可眉毛胡子一把抓,应围绕重点对受众进行启发诱导,开展讨论交流,吸引受众注意,激发他们学习的积极性。

第四节　基于建筑学的阅读推广

在当今这个倡导全民终身学习的社会中,阅读推广便成了必不可少的重要工作。图书馆,作为学府、社区、城市的文化中心,具有丰富的馆藏资源,良好的阅读设施,浓郁的书香氛围,理所应当地在推动全民阅读中扮演重要角色。

与以往不同,数字化背景下的读者对图书馆的需要从信息内容延伸至信息的获取方式,从原来"量"的需求发展到"质"的提升,即"悦读"——不仅要求图书馆能够准确地提供自己所需的信息,更需要在信息获取过程中获得一种愉悦的心理体验。这个质的变化,使得图书馆在阅读推广

第六章 图书馆阅读推广的理论研究

的工作开展中,除了传统意义上的推广活动,还应考虑其空间氛围的营造,这就在建筑学中开启了新的疑问之门——如何完美地构建阅读推广空间。

一、建筑空间的阅读推广意义

阅读推广是图书馆与读者之间的初次对话,且图书馆作为主体,是提供需求的一方,利用其空间特性,更好地为读者服务是其使命。

对于图书馆的推广,笔者认为可以总结为"5P 模式",即 Place(特定场所)、Probing(探查)、Parting(分组)、Position(定位)、Product(产品)。下面将结合 5P 模式阐释建筑空间的阅读推广意义。

(一)传播图书文献信息

如同日常生活中在超市购物一般,在临近超市时就会深深感受到其促销氛围,实际就是超市的商圈,即 5P 中的"Place",而在入口处进入眼帘的是超市的宣传海报或展板,它们是商家针对顾客的探针,传递着超市的特卖讯息,即"Probing"。同理,图书馆阅读推广空间也有类似功能的子空间,它们是人流的集散点,或是图书馆入口的宣传站点,或是进入大厅的移动宣传栏,又或是某个视线交汇点的 LED 屏幕,等等,都在不遗余力地向读者传播图书文献信息,以期吸引读者接收。

(二)吸引聚集读者受众

图书馆阅读推广空间在进行了前提条件的设定后,紧接着便是考虑吸引聚集读者受众。正如超市最初的那张宣传海报,开始是信息梗要,阅读推广空间的第一步宣传也是如此,紧接着便是在适宜空间分类图书信息,即 5P 中的"Parting",如开架阅览室内整齐排列的书柜。读者在此时会有一次激烈的思想对抗,开始结合自身状况思考推广的图书的价值。换言之,图书馆的信息分类,已经成功吸引并聚集读者受众,这也是阅读推广这项实验的必要物质条件之一。

(三)留驻读者读书阅览

在吸引聚集的同时,阅读推广空间还会构筑适宜的环境留驻读者读书阅览,也就是这项实验的必要物质条件。针对不同需求的读者,迎合其兴趣点,提供不同的图书推广宣传栏,并设置可以就地阅读的设施,如阅览桌椅,休闲沙发等,即"Position"。

(四)营造温馨的书香氛围

超市在留驻顾客后,便开始营造愉快的购物氛围,如贴心的导购会详细标明各种优惠信息,同种货物不同品牌相近搁置,以便顾客对比购买,为带有婴儿的家庭备用婴儿车等。与其如出一辙,图书馆阅读推广空间也会营造温馨的书香氛围,令阅读成为一种生活享受,如可供即时翻阅的桌椅,精心的室内环境颜色的搭配,灯光调适等,令读者流连忘返,对选择的书(即 Product)爱不释手。

二、阅读推广建筑空间系统

《建筑学经济大辞典》中对"系统"解释为:由相互联系、相互依赖,具有同一目标,共同的生存条件和运动规律的若干组成部分结合而成的具有特定功能的有机整体,且这个有机整体又是它所从属的一个更大系统的组成部分。由此可推出阅读推广建筑空间系统便是各类建筑空间以阅读推广为目的,相互联系,相互依赖,相互结合而成的有机整体。由于阅读推广空间的新生性,与其他传统空间错综交融,下面将从图书文献信息传播空间、图书文献信息查询空间、专题图书推荐展示空间、图书分布辨识引导空间以及阅读推广活动空间五个二级系统对其做详细论述。

(一)图书文献信息传播空间

图书文献信息传播空间是在传统图书馆空间中藏书空间、阅览空间、公共活动及辅助服务空间内的新生空间系统。对于藏书空间,其基本书库、特藏书库、密集书库、阅览室藏书本身即图书文献信息的传播源,并为此传播行为提供空间条件。对于阅览空间,无论是珍善本阅览室、舆图阅览室,还是普通阅览室,抑或电子阅览室,都是该系统空间的重要组成部分。而对于公共活动及辅助空间,其门厅、陈列厅、读者休息室、读者服务室等都能衍生图书文献信息传播的功能,故也是此系统的组成部分。

(二)图书文献信息查询空间

图书文献信息查询空间主要是指检索空间,通过图书馆的检索工具,或是图书馆员的帮助,查询目标书籍的所在地,以便读者高效阅读。

(三)专题图书推荐展示空间

专题图书推荐展示空间是主要分布在传统空间中的阅览空间、藏书空间以及公共活动及辅助服务空间。阅览空间和藏书空间内可单独设置专题图书推荐展示栏,而公共活动及辅助服务空间中门厅、陈列厅等也可做此功能用。

(四)图书分布导识引导空间

图书分布导识引导空间大多在藏书空间和阅览空间中,是为方便读者查阅目标书籍的具体所在地而延伸的一种新型空间。它是读者在图书馆内的指南针,对于提高阅读效率有着重要作用。

(五)阅读推广活动空间

阅读推广活动空间是指图书馆开展的真人图书馆活动,如请某位作者与读者受众面对面交流,或在大厅内举办某次书画比赛的成果展,故而此类空间一般附着在公共活动及辅助服务空间中的门厅、陈列厅、报告厅等场所。

三、阅读推广建筑空间设计

谈及空间设计,首先应充分理解空间的含义。即人们建房、立墙、盖顶,而真正实用的却是空的部分,围墙、屋顶为"有",而真正有价值的却是"无"的空间;"有"为手段,"无"方为目的。那么所谓建筑空间设计,便是着重考虑这"无"的部分。

基于以上对阅读推广建筑空间系统的认识,接下来,便以建筑学的视角,从宏观到微观,由概念到具体地来阐述这"无"的设计要素。

(一)空间系统组合

对于传统的图书馆建筑空间布局,有人曾将其归纳为以大厅直接连接着各使用功能空间的模式,即以目录、出纳厅为中心,并通过其与门厅、书库以及各主要阅览室保持直接或密切的联系,此处目录、出纳厅与大厅相似,不仅是连接各主要使用空间的中心,而且是人流交通的枢纽。由此足见大厅空间的核心作用。同样,在阅读推广建筑空间中,大厅空间也堪称其心脏空间。

"一心"为大厅中的阅读推广空间,"四核"为藏书空间、阅览空间、交通空间、公共活动及辅助服务空间和检索空间中的阅读推广空间。

(二)单一空间功能

有了对阅读推广空间系统组合的宏观认识,接下来开始逐一探讨这些不同层级的阅读推广空间。

1.一级阅读推广空间

大厅作为一级阅读推广空间,是读者对图书馆的第一印象,在此精心布置设计,力求通过图书文献信息的传播,吸引聚集读者并给予其阅读的初步指引。

2.二级阅读推广空间

二级阅读推广空间主要指交通空间,即连接一级和三级阅读推广空间的纽带空间,以廊道为主的水平交通空间和以楼梯为主的垂直交通空间。

凡对一级阅读推广空间产生正面效应的读者都将步入二级阅读推广空间,故而这类空间应给予读者继续的指引,尽可能避免途生异景,使得读者半路放弃。提到走廊空间,不由得想到画廊,画家在筹办画展时,对于廊道颇费心思,他们会从参观者的角度考虑,将要展览的画根据其含义精心编排组合,从而刺激参观者的眼睛和大脑,引领他们步入打造好的世界。作为一种线性空间,图书馆在其中适量选择图文信息,整理编排,感染读者,最后引导其进入设定好的书香文化氛围,驻足阅览。

3. 三级阅读推广空间

三级阅读推广空间指的是图书之旅的留驻空间,主要包含藏书空间、阅览空间、公共活动及辅助服务空间和检索空间。这一层次的阅读推广空间应着重营造阅读氛围,为读者提供舒适的阅读环境。

(三)阅读推广空间环境设计

阅读推广空间环境设计应利于阅读推广的开展,对于不同层级的空间,有着不同的特质,故而,下面将分门别类地探讨其环境设计。

1. 大厅空间

作为阅读推广中的核心空间,大厅是读者最早接触的图书馆室内空间,需要向读者传达精练的阅读信息,感染聚集读者。它常以点状空间和流动空间两大空间类型开展阅读推广活动。点状空间是指大厅中的图书推荐平台;流动空间是指根据活动需要而设计的可变空间,可拆卸,可移动,可重组,形态多变,色调多样,可用来做图书信息展览,也可做提供探讨交流的场所。

2. 交通空间

交通空间即为可休憩可交往的空间,发生在其中的交往行为一般不会很长,但深深影响着读者的身心。

作为阅读推广的纽带空间,无论是水平的廊道空间,还是垂直的楼梯空间,都是导向性较强的线形空间,都是图书馆中交往活动较频繁的地方,连接图书馆内部各个功能空间,使读者与图书馆的交流活动具有整体性。

廊道空间是空间转换的有效手法,也是阅读推广的过渡地带。那么如何使其正常发挥阅读指引的过渡效应呢?首先,在灯光设计上,不应太过昏暗。其次,在廊壁上布置具有文化气息的艺术品,如壁画,使得原本枯燥的空间变成交往氛围浓厚的空间。再者,对于有条件进行改造的图书馆,还可以局部拓宽廊道空间,在适当的地方加以曲折、高差处理,挑出阳台或局部形成一个较大的空间,使得廊道空间收放自如,吸引读者阅读浏览。柏林自由大学图书馆内的曲线挑台,既能作为回廊,又创造性地将曲线的书桌与其合并,供读者学习交流。楼梯空间也可做阅读推广的有效空间,但为了不影响交通而又满足读者驻足交谈,常加宽楼梯或局部放大,为读者提供休憩交流场所。

3. 藏书空间

藏书空间有基本书库、特藏书库、密集书库以及阅览室藏书四类,阅读推广空间在其中的表现形式大多是图书推介信息栏,常与服务台相邻,以便读者入门即观,大致分布情况为三种:环绕式、毗邻式、相对式。

4. 阅览空间

此处将阅览空间作为普通阅览空间、珍善本阅览空间以及电子阅览空间解读,以便研究探讨其阅读推广功用。

首先,可直接在各阅览室入口处设置推介信息栏,便于读者了解最新动态,各取所需。尤其对于珍善本阅览空间,还应提供必要的自助设备便于读者对所需资料进行扫描、复印、编辑、转移等工作处理,便于借阅。而对于电子阅览空间则应在欢迎界面对读者进行有效的指引。

其次,阅览空间中不同开口位置对读者之间的接触颇有影响,两个中心距离相等的房间,若开口相对,两者间的可交流性最大;而开口相反,两者的可交流性最弱,故此,在阅览空间总体布局时,应缩短读者移动的距离,便于空间的交流,推动阅读推广的开展。

再者,基于人性化的考虑,阅览空间的界面不应太过僵硬,给人以生硬冰冷之感,如传统阅览空间中起着围合限定之用的实墙,若代之以玻璃墙、绿化等软质材料,会增添空间的舒适感,促进阅读推广。

5. 公共活动及辅助服务空间

此处公共活动及辅助服务空间主要是指图书馆的边庭空间、读者服务部以及类似书吧的休闲空间。在阅读推广活动中,这三大类空间也扮演着重要角色。在图书馆的边庭空间中,可根据需要设置具有特定主题的文化展览;或者设立图书漂流站点;也可设置桌椅,供读者随意阅读;而读者服务部中,主要依靠图书馆工作人员对读者进行指引导向;在休闲空间中,一杯香茗,一纸图书,可使读者身心愉悦,留恋阅读的快乐。

6.检索空间

检索空间是图书馆的重要功能使用空间,它的服务质量直接影响读者的阅读效率,否则,即使开架,读者也很难在书海中找到所需。此类空间可在图书馆中单独设立,也可将其散布在读者必经的路线上,如大厅空间、阅览空间、藏书空间、交通空间等其他功能空间中。单独设立即用限定性强的空间围合,具有较好的私密性和明确的领域感。无论是哪种设置手法,可在检索机器的旁边进行阅读导向工作,如海报。

(四)空间系统设施

在现代图书馆中,多媒体、计算机及其网络系统的使用已成为重要的部分。如在阅览空间中,应注意网络布线系统、计算机及现代设施、电源插座等各类设施的布置,满足读者自带笔记本、手机、iPad 等终端设备的需要。

综上所述,阅读推广的理论体系离不开传播学、心理学、教育学和建筑学的指导,传播学的推广方式、心理学的兴趣需求、建筑学的空间引力、教育学的立德思想无不为阅读推广奠定基础。

第七章 图书馆阅读推广创新研究

第一节 区域图书馆阅读推广

全民阅读的深入开展对区域图书馆的阅读推广工作提出了新要求。针对新时代全民阅读服务的需求,从协同设计服务方案、携手创新服务方式、协同建设服务内容、建立多元化协同机制等方面,提出区域图书馆开展阅读推广协同创新的对策和建议。

随着政府大力推动文化事业改革的发展,提升基层公共文化服务的能力,全民阅读也进入一个新的发展阶段。阅读推广作为"全民阅读"的重要举措和图书馆服务的核心工作之一,在全国各地开展得如火如荼,并产生了积极的影响。但全民阅读还没有实现全覆盖,全民阅读的发展还面临一些问题。阅读推广工作是一项复杂的系统工程,仅仅依靠某一类型的图书馆,很难把阅读推广工作延伸到社会的每个角落,也无法触及每位公民,更无法满足所有人的阅读需求。因此,在新的时代条件下,阅读推广工作还需要不断地求新求变,推进服务主体向多元化发展、服务方式朝精细化转变、服务内容向丰富化迈进。各地区各类图书馆要从全民阅读的实际需求出发,加强相互间的合作创新,构建全民阅读推广服务新体系,协同开展阅读推广服务。

一、区域图书馆阅读推广的现状

(一)区域图书馆阅读推广的总体情况

图书馆面对的是所有社会民众,它们针对不同类型的读者,开展形式多样的阅读推广服务。例如,延伸服务空间时间,创设新型阅读空间,举办展览讲座和影视欣赏,推行数字阅读体验等。高校图书馆阅读推广以"立德树人,成长成才"为根本任务,以大学生课内外学习、学术研究和创新创业教育为落脚点,其最鲜明的特征就是活动化,积极利用新技术新媒体推广经典阅读和数字化阅读。中小学图书馆通过阅读推广活动,引导中小学生树立良好的读书习惯,了解和掌握阅读方法,将课外阅读内容有机地结合起来,教育学生课后多读好书,增强课外阅读。

(二)区域图书馆阅读推广的成效

"全民阅读"作为文化民生的重大举措之一,正在不断提升全民的文化素养,增添城市文化气息,助推乡村走向文明。在这样的环境下,上述三类图书馆立足实际,多措并举,以多种方式为不同层次、不同类型的读者提供了多样化的阅读服务。在诸多阅读活动中,涌现出了许多优秀案例。许多城市形成了以公共图书馆为龙头、大型书城为地标、基层公共文化服务中心和实体书店为支柱、小微读书点和线上阅读为补充的全民阅读公共服务体系,高校和中小学图书馆的阅读推广活动日益丰富,师生阅读情绪不断高涨,且在全民阅读推广中的主体地位日益凸显。

二、区域阅读推广协同创新的必要性和可行性

(一)协同创新的必要性

1.阅读推广的社会化需要多方协同

阅读推广的目的是促进全民阅读,提高民族文化素质,因此,阅读推广必然表现出社会化的特征。一个地方乃至整个社会的阅读风气,可以反映出该地区居民的文化素养,要有效推动阅读,必须依靠社会各方面的

配合和努力。只有通过多方合作,发挥多方优势,共同创新阅读推广方式,打造优质的阅读平台,才能让民众分享阅读乐趣,交流阅读心得;才能推动增加优质文化产品和阅读服务的供给,更好地保障人民群众的阅读权益。可见,阅读推广是系统性的社会文化工程,需要多方力量尤其是图书馆之间的协同互助。

2.阅读需求的多样化需要多方合作

在全民阅读时代,社会公众的阅读需求发生了很大变化。一是新时代的科技创新需要智慧、创造、创意,这必将推动教育改革,同时教育改革又将反哺科技发展。现阶段,教育面临着巨大的变革,而阅读必将会成为教育的核心内容,阅读能力的培养成为培养学生能力的第一位要素。以阅读来改变教育理念,需要学校、图书馆等机构和不同行业的专家、阅读推广人等多方的共同努力;同时,通过多方合作,克服图书馆自身在资源、人员、技术等方面的局限性。二是社会职场竞争促使广大从业人员不断汲取新知识,专业化的书籍成为这些用户阅读的首选,而仅靠一两个馆的资源难以满足用户需求。只有建立馆际之间的协同,才能及时提供可读的专业文献。三是新技术既改变了阅读资源的存在形式,也改变了人们的阅读方式。数字阅读已成为人们获取信息的主要途径,阅读内容日渐多元且趋于碎片化。图书馆要在阅读方式和内容上满足用户的数字阅读需求,必须加强区域内各类图书馆的深度合作,通过区域数字阅读新平台推送多样化的阅读服务内容。

(二)协同创新的可行性

1.阅读推广协同具有良好的基础

目前,国内许多公共图书馆与学校教育专家、管理人员、学校图书馆员联手开展合作,共享馆藏,提供资源和服务。一些地区开展的阅读推广活动,尤其是每年定期举办的大型读书节,多是图书馆与多家单位的联合。多个地区已初步实现跨领域、跨部门的文化资源整合,共建共享的公共文化格局已基本形成。许多地区都建立了一些区域图书馆联盟,图书馆联盟合作主体日趋多元化,联盟形式也逐渐多样化。例如某市图书组建了以 20 多个读书社团为成员单位的"阅读推广人联盟",这支推广队伍活跃在该市各个阅读领域,形成政府、社会、公众共赢的公共文化可持续发展机制。

2. 阅读推广合作具有新技术保障

新技术和新媒体的出现,为阅读推广活动带来了新的活力。一是新技术促进阅读推广图书馆网络系统的互联。我国的数字图书馆推广工程虚拟网就是各馆利用互联网链接,通过 IPSECVPN 技术组成的虚拟网,该网实现了各节点的互联互通,让更多的读者享受到虚拟网所带来的方便、快捷的服务。二是新技术拓展阅读服务项目。某图书馆网上联合知识导航站,联合了该地区公共、科研、高校等图书馆及其相关机构,以因特网的丰富信息资源和各种信息搜寻技术为依托,以来自全国各地以及海外图情界的资深参考馆员和行业专家为网上知识导航员,通过加强特色馆藏资源和网络信息资源的开发和利用,实现各类图书馆网上参考咨询服务的优势互补;和邮政部门协作,开展借阅服务,用户只需要手机下单,通过 EMS,在家就能收到想借阅的图书。"网上借阅社区投递"以 RFID 技术为基础并集成各种高科技手段,在全市范围内选择社区投递点,将市民需要的图书送到居民身边。

3. 协同性的阅读推广有制度保障

全民阅读推广服务体系是多元主体为保障公民享有基本阅读权利而建立起来的一系列制度和系统的总称。图书馆应当加强馆际交流与合作,国家支持公共图书馆开展联合采购、联合编目、联合服务,实现文献信息的共建共享,促进文献信息的有效利用;支持学校图书馆、科研机构图书馆以及其他类型图书馆向社会公众开放。《普通高等学校图书馆规程》则提出,图书馆应加强各馆之间以及与其他类型图书馆之间的协作,开展馆际互借和文献传递、联合参考咨询等共享服务;在保证校内服务和正常工作秩序的前提下,发挥资源和专业服务的优势,开展面向社会用户的服务。

三、区域阅读推广协同创新的举措

(一)协同设计阅读推广的服务方案

1. 协同制订常规阅读推广计划并有效实施

随着图书馆阅读推广的发展,阅读推广服务正从图书馆的创新服务、延伸服务日渐转化为常规服务。各办馆实体要由"一馆思维"转向"平台思维",将区域图书馆打造为基层全民阅读服务平台。活动策划与项目设计要确保其针对性与可持续性,加强与学校、媒体、社会团体等的深度合作,吸引社会大众的参与。针对一些常规性阅读活动,如科普知识讲座、学术讲座、民俗文化、作家专场、读书沙龙、高雅艺术欣赏、图文展览、精品推荐、"你选书我买单"等,区域图书馆学会(或联盟)可统一协调,优化各馆的服务计划。

每年年初由学会理事长单位牵头,集中各馆当年的阅读服务计划,结合各馆的活动内容和服务对象的层次,去除重复项目,携手打造共性阅读服务项目。对于可以共享的服务,以一馆为主其他馆共享,譬如巡回展出类活动、民俗文化讲座等。

2. 共同策划大型读书节系列活动方案

现阶段,全国大部分地区文化宣传机构每年都举办大型的读书节活动,涉及本地区的中心图书馆、文化馆、书店、学校、出版社等多个部门、多家单位。大型读书节是有效推广"书香家庭""书香校园""书香机关""书香社区"等阅读活动的重要平台,区域内各类图书馆,尤其是这三类图书馆应是阅读活动的主角。各馆应积极参与系列活动方案的策划,方案要体现全民性,在活动内容和形式上要兼顾各类读者的参与度;在承办方式上,围绕读书节主题的系列活动项目可由三类馆分别承办或联合举办,形成多馆联动,助推全民阅读。对于统一设计、由各馆同时开展的某一主题活动,各馆可依据总体方案办出自己的特色。

(二)携手创新阅读推广的服务方式

1.搭建线上线下的协同互动阅读

随着微博、微信公众号、移动图书馆等技术的发展,线上阅读日益流行。近几年的实践证明,线上线下相结合的方式可以提高图书馆的社会影响力,扩大读者范围,有利于增强图书馆阅读服务的黏性。因此区域图书馆可以把现有的比较成熟的模式,通过线上线下结合的形式在本地区予以推广应用,让更多的馆、更多的读者加入统一的互动平台中。①新建或完善地区图书馆联盟的线上线下协同服务平台(大平台)。以新建或扩建的方式搭建协同交互平台,或者以某一个馆的服务平台为基础,将其他馆的资源与服务融入其中,让读者访问一个平台就可以了解并获取所有馆的资源及服务。②搭建跨馆的微服务子平台(小平台)。在大平台上建立微服务系统,集成区域内各馆的微博、微信服务平台、移动图书馆平台,增加各馆与读者的互动,既开展信息推送服务,又及时接收读者个性化要求,同时实现"免费送书进户""送资源入邮箱"。

2.打造多方合作的体验式阅读

在新阅读时代,体验式阅读能打破封闭性的阅读模式,起到刺激阅读、增加读者交流的作用。区域图书馆要积极打造体验式阅读平台,通过与地方文化职能部门、新闻出版、社会公益组织等单位的多方合作,建立体验式阅读推广平台,面向社会机构以及民众推出体验式阅读活动。该阅读推广方式已在一些地区实施,值得更多图书馆去学习和借鉴。近年来,图书馆界推出了一项阅读推广服务设备——朗读亭,以朗读体验为主,集朗读、录制、演讲、训练等多功能于一体,是多领域跨界融合的产物,其业务模式极具创新性,它尊重人性,重视用户体验,这也是区域图书馆联合打造体验式阅读的新载体。

3.拓展智能协同的阅读新空间

21世纪图书馆正在向智能化、智慧化方向发展,这也为区域图书馆阅读推广的智能化协同提供了强有力的技术支撑。从社会大众的阅读需求来看,自助的智慧型阅读空间——"24小时自助图书馆"颇受广大读者的欢迎,这也是当前全民阅读推广中备受欢迎的服务方式。这是一种全开放、不打烊、高品位的自助服务体系和崭新的公共文化服务形式;这也是"政府主导、部门指导、社会参与"的协同模式。24小时自助图书馆(城市书房、城市书吧)是各级公共图书馆功能的补充,不仅提升了借阅的便捷度、阅读的享受感,更有效地拉近了书与人之间的距离。

作为阅读推广服务的新形态,24小时自助图书馆还有很大的提升空间。一是要扩大覆盖范围。许多地区的城市书房建设很少覆盖到高校和中小学,虽然学校有图书馆,但能够与社会共享的馆还不多。因此,区域范围内的三类图书馆还要加强与之沟通与合作,让"城市书房"这样的智能化阅读服务模式走进校园,扩大本地区学校与社区共用的阅读空间。二是要充实数字阅读。科技跟阅读相结合,让现代人的读书方式更加多样化,也促进图书馆服务方式的多样化。为促进新型的阅读向精细化和特色化方向发展,保持24小时自助图书馆的吸引力,各地已建和即将建设的城市书房等智慧阅读空间,要不断添置数字化设备,将现有的自助图书馆"升级"为数字化的书房。

(三)协同建设阅读推广的服务内容

1. 认识阅读服务内容建设的重要性

阅读推广的任务不仅仅是推广图书馆的资源——纸质图书馆、电子图书及音视频、游戏等多媒体信息,还包括阅读能力的提升、阅读兴趣的培养、阅读习惯的养成、阅读品位的熏陶和阅读氛围的营造。目前国内阅读推广似乎更加侧重于纸书阅读的推广,尤其是以读经典作为重点推广的内容,我们必须清楚地认识到,技术改变了阅读的方式和阅读内容,传统阅读和数字阅读共同构成获取知识的渠道。在"文化消费走向生活化,生活消费走向文化化"的新时代,虽然存在着以升学、求职、备考为目的的阅读现象,但以兴趣爱好和消遣娱乐为阅读目的的人群也在迅速增加。读书不只是为了工作与学习,读书同样是为了享受生活本身。区域图书馆只有同时深入了解人们学习性和非学习性阅读的需要,才能更好地加强阅读推广服务内容的建设。

2.协同打造阅读活动的内容与服务

同一地区不同类型图书馆提供阅读推广的服务与内容有一定的差异性,只有开展多渠道、多方位的合作与交流,建立全面的阅读推广合作伙伴关系,才能全面推进本地区的全民阅读。①创新文献信息资源的合作途径。图书馆应充分考虑虚拟环境下人们的信息行为和信息需求,利用阅读推广协同平台,扩大区域性资源的共建共治共享范围。联合本地区各类图书馆共同建立实质上的区域"共享系统",实现多项业务的协同发展;实现读者对各馆资源的一站式发现,学校师生通过公共馆及其分馆或其他学校获取纸质图书,公共图书馆用户也可以从学校图书馆借阅图书,同时实现数字资源的互访和下载。②扩大阅读活动的合作范围。除了共同利用社会资源外,在许多阅读活动中,各馆不仅共享书刊资源和设施设备,也可以共享人力资源。比如公共馆、中小学馆的知识讲座、学习培训辅导等,可由高校图书馆提供金牌阅读推广人,将学校的教书育人理念带入公共阅读服务领域。同样,由公共馆组织的阅读推广人,可将奋斗精神、劳模精神、工匠精神引入校园。③按读者层次开展协作性的服务。譬如,基于新的高考改革方案,公共馆可以引进外部的教育资源,推出针对课程的馆藏套餐,开设选修课,综合提升学生的素质、开拓学生的视野、帮助其适应如今的高考改革。通过协同互动平台,邀请中学教学名师和高校专家,让学生获取在线作业辅导和心理教育咨询服务等。

(四)建立多元化的阅读推广协同机制

随着全民阅读发展的深入推进,阅读推广的"协同创新"已成为发展过程中的关键之举。要深入推进阅读推广协同发展,全面提升全民阅读服务水平,就要勇于冲破思想观念的障碍,冲破利益固化的藩篱。无论公共图书馆还是学校图书馆、书店、出版社,一定要统筹协调相关部门,推动建立和完善各部门共同参与的工作协调机制,打造阅读推广协同创新共同体。①建立由地方政府部门与图书馆、其他媒体和民间读书机构的长效合作机制。地方政府通过制定全民阅读战略规划,以法律法规的形式来规范阅读推广,加大对阅读活动的财政投入,解决公共阅读设施不足、管理不当的问题,以相关政策鼓励社会力量参与全民阅读建设。②建立由图书馆、出版社和书店协同的阅读推广机制。出版社是知识的生产者,是阅读推广的源头。书店和图书馆是阅读推广的主力军,担负着向读者宣传、展示和推荐优秀书籍的责任和义务。所以,区域图书馆应主动与出版社、书店进行合作,通过选书、直借和书评等线上与线下相结合的活动平台,共创阅读推广新模式。③建立由图书馆之间密切合作的常规活动机制。区域内各类图书馆是阅读推广的直接力量,相互间的合作将实现以强带弱、多向联动的阅读服务新格局。通过区域图书馆联盟,建立联盟内馆员教育、人才培养和软硬件共享机制,协同开展全民阅读推广、公益讲座、展览及其他阅读活动。

综观社会上的各种阅读推广服务,从政府的行政性号召、各界专家的书目推荐、不同行业学者的辅导报告到社会上规模不一、形式各异的读书活动,都是主动性的阅读推广服务,都拉近了图书馆与读者的距离,助推了全民阅读。在深入推进全民阅读的新时代,阅读推广主体呈现多元化的特征,区域图书馆只有不断创新阅读服务思维,以协同创新的服务理念为指引,加强与阅读推广活动相关主体之间的合作,才能搭建起阅读推广协同的新平台。只有创新服务方式,才能更好地发挥社会资源的功能,激发区域的发展活力,形成上下合力、相互协同、整体推进的区域性全民阅读工作新格局。

第二节　利用新媒介促进图书馆阅读推广

随着媒介技术的发展,媒介组织进一步走向联合,"媒介融合"已经成为一个急速发展、影响极其深远的媒介生态现象。阅读作为传统媒介与新兴媒介都高度聚焦的领域,也不可避免地受到媒介融合的巨大影响,阅读对象从印刷型读物延伸到音频广播、模拟视频、数字多媒体读物,阅读活动的环境从固定地点、固定时段拓展到任何时段、任何地点,同时读者的阅读方式、思维模式、价值评判标准也发生着巨大变化。因此,面对传媒时代的剧烈变革,图书馆如何准确把握媒介融合的特点,有效发挥媒介融合的优势,从而更广泛、更深入地推动阅读,是一个值得认真研究的课题。

一、利用新媒介开展阅读推广的特点

(一)移动性强

以手机为主要代表的移动终端是新媒介在阅读推广中的主力。移动终端提高了信息传播的效率,增强了阅读推广的移动性。利用手机,读者可以随时随地获取阅读推广信息,观看并分享阅读推广信息内容。在读者群中,手机与手机间的分享互动使得阅读推广范围扩大,加快了信息内容的传播速度,实现了新媒介在阅读推广中信息传播的动态化和移动化,提高了信息资源在读者群中的共享与传播。

(二)富有个性化

数字时代,读者个性化意识越来越强,他们对阅读有主动选择的权力,借助信息技术他们可以轻易找到想要阅读的内容。读者寻找阅读信息时会留下印迹,如阅读的内容、访问的网页、个性化标签等,这些能让新媒介捕捉到读者的兴趣爱好。阅读推广主体会根据捕捉到的读者特点和需求,明确阅读推广的对象,有针对性地推送读者感兴趣的内容,满足读者个性化需求,促进阅读推广质量和效率的提高。

(三)交流互动活跃

读者在阅读之余,渴望与其他阅读者交流互动,分享自己的阅读感受。交流互动促进了信息内容的广泛传播,这是新媒介进行阅读推广的重要途径。在新媒介中,读者可以根据自己的兴趣爱好与其他读者相互关注,建立互动交流,形成新媒介用户群。群中的用户可以对群中的信息进行交流、互动、创造、传播。阅读推广主体可以与这些读者群相互关注,交流互动,这样,阅读推广主体发布的信息内容可以通过读者群中分享传播,吸引更多的读者关注到阅读推广活动。

二、新媒介环境下图书馆阅读推广面临着新的机遇和挑战

(一)读者获取信息与知识的途径日趋多样化

随着信息技术的快速发展,读者获取信息与知识的途径呈现出多渠道、多元化、多媒体的新特点。新媒介阅读作为一种重要的阅读方式日益普及,从在线阅读、电子阅读器阅读,发展到以手机、平板电脑等移动终端为载体的无线阅读。新媒介环境下,"读者的阅读需求活动对作为物理状态的图书馆的依赖程度明显降低,分布式数据库状态的虚拟图书馆在满足读者信息需求中发挥了巨大的作用。学生足不出户通过移动阅读设施就能及时获取信息"。这些对图书馆开展基于新媒介、多终端的阅读推广服务都提出了新的要求。

(二)读者对图书馆的服务提出了更高、更深层次的需求

随着信息技术的高速发展和广泛运用,图书馆的馆藏形式发生了显著的改变,目前图书馆的资源建设正经历着从原始资源采购到资源授权、从图书馆自行采购到完全受用户驱动的演变,读者对文献信息的需求呈现出多元化的趋势,图书馆馆藏建设应本着以群众为本的准则,新媒介技术的发展给图书馆阅读推广带来挑战的同时,也为图书馆业务和服务的提升与发展带来了新的机遇,图书馆可以在更广阔的平台上拓展服务范围,创新服务模式,提升服务能力,推动业务发展。

三、利用新媒介进行阅读推广的策略

(一)提升馆员能力与强化部门整合相结合

立体式宣传报道要求对现有的宣传推广流程再造,深度整合校园内各种推广力量,无论是处于何种岗位的图书馆工作人员,媒介融合背景下的阅读推广都对其提出了"一专多能"的全媒体工作要求,不仅要具备妙笔生花的写作能力,能够轻松应对短篇网络新闻与长篇深度报道的写作,

而且要具备优秀的摄影、摄像、音视频后期处理能力,还要熟练掌握全媒体营销运营能力,让阅读推广的作品更具交流性、传播性。强化部门整合主要是加强图书馆负责阅读推广的宣传部门与学校宣传部门在阅读推广宣传方面的力量整合,这是由于这两个部门所采集的内容、宣传的重心、报道的形式以及用稿需求差异不大,从而可以联合组建后台编辑队伍进行统一的策划、整合、推广和营销。

(二)组织丰富的新媒介阅读活动

图书馆在阅读推广中可以成立各种各样的读者新媒介阅读组织,如阅读指导委员会、读书会、读书沙龙、读者协会等,负责新媒介阅读活动的调查和指导,会同学校相关组织举办各种新媒介阅读论坛,定期邀请一些专家学者来传授新媒介阅读的方法、技巧;举办图书馆宣传服务月,邀请数据库商来学校做数据库资源利用讲座,以期提高学生利用图书馆资源的能力,提高他们的阅读层次。此外,还可举办阅读竞赛、阅读成果展、评选新媒介阅读之星等阅读活动,以各种方式来提高读者的阅读素养。

(三)建立学科馆员制度,提高服务深度

学科馆员是指具有学科背景、以学科划分业务工作和读者服务工作的新型馆员,他们既熟悉本馆所拥有的各种信息资源,具有较强的文献信息检索、组织能力,又熟悉各学科教学科研情况,在新媒介阅读推广中,学科馆员要深入对口的院系了解师生对馆藏数字资源的需求,最大限度地帮助他们解决问题,满足其阅读及科研的需求。学科馆员在服务上可以采取"走出去"的策略,主动联系自己对口的学院,定期组织学院的学生开展新媒介阅读的讲座,介绍图书馆的馆藏电子资源及网络资源的获取和利用方法以及图书馆所开展的一系列新媒介阅读服务,如图书馆开通的微博、博客,短信服务,RSS推送服务,电子阅读器外借服务等。

(四)注重新媒介阅读推广体系的多元化

一是新媒介各种平台的阅读内容要方便读者阅读、观看。如目前图书馆的微信公众平台的服务内容包括馆藏查询、通知公告、书证查询、图

书馆推荐和热门借阅这几大板块,如能将美文阅读、经典作品赏析、历史文化及音乐鉴赏等内容直接放于公众平台,方便读者随时阅读欣赏,从而促进阅读推广。二是通过新媒介开展网上阅读推广活动。图书馆可以将一些传统阅读推广活动转为线上活动,如微信读书会。传统读书会的开展受场次地域限制,而微信读书会则打破了这种限制,只要读者使用安装了微信APP的智能手机,连接网络就可以免费参与。读者利用微信交流读书心得,讨论焦点话题,不依赖单一和单向的点对面传播,这种自由便利,有利于读书会的推广和普及,促进全民阅读社会风尚的形成。除此之外,图片影像展、在线阅读知识竞赛、各类读者调查活动等也可以在线上开展。

综上所述,图书馆应适应信息时代的发展,充分利用新媒介进行综合阅读推广,使阅读推广活动更有吸引力和生命力,从而提升校园人文气息,传播校园文化,营造阅读的环境氛围。

第三节　人工智能阅读与图书馆阅读推广

随着人工智能时代的到来,人工智能在教育、出版领域的应用,革新着传统的阅读方式,驱动着人工智能阅读的产生和发展,进而对图书馆的阅读推广工作提出了新的要求。图书馆开展人工智能阅读推广的关键就在于阅读推广场景的构建与实现。图书馆人工智能阅读推广的场景可以分为陪伴式阅读推广场景、自适应阅读推广场景、游戏化阅读推广场景等。

在社会应用层面,AI的快速发展其实让社会民众对AI的应用已不再陌生,特别是随着我国将AI上升到国家战略高度依赖,AI的应用与突破让人目不暇接。AI机器阅读的这一突破也引起了包括图书馆等社会阅读推广机构对于如何更好地开展用户阅读推广、提升阅读效能的思考,并对AI机器视觉、语音识别、语义理解等在阅读推广的深度应用充满了期待。

一、AI阅读已成为一种发展趋势

2018年4月16日,2018中国数字阅读大会人工智能峰会—《AI赋能阅读》在杭州举行,与会的全国优秀AI专家、创业者、出版专家、媒体人就AI让数字阅读内容和阅读方式更加个性化、智能化,AI支持数字阅读全双工交互、多轮对话、所见即可说,利用AI增强现有数字阅读体验、增加新的体验场景和内容把控,AI+内容实现精准预测新闻和推送等领域进行了交流,共同探索了AI与阅读文化的无限可能。

(一)AI阅读发展的驱动应用

VR/AR(仿真实验)、数据可视与洞察、认知计算(复杂决策辅助)、情感计算(学生情绪反馈)、高级机器人技术(陪伴教育机器人)、基因技术(天赋检测)在多个教育场景的积极探索应用,都预示着下一波教育的核心驱动来自以人工智能为核心的"科技+教研创新"的融合,并朝着智能化方向发展,以保证学习效果、提高教育资源供给、实现教育公平。在这一发展态势下,AI教育浪潮席卷而来,2018年4月10日,教育部发布了《高等学校人工智能创新行动计划》,该计划提出将致力于中小学、高校等多层次教育体系未来形成"人工智能+X"的复合专业培养新模式建设。同时,一批AI教育实践也精彩纷呈,在基于个性化学习、虚拟学习助手、商业智能化、专家系统等四大应用场景基础上形成了个性化学习、自动问答辅导与答疑、智能测评、模拟和游戏化教学、教育决策、幼儿早教机器人等应用领域。

在出版领域,Hello Code联合亚马逊中国推出的AI系列教材《从编程思维到人工智能:编程超有趣》Kindle电子书,以趣味性的故事情节和专业的AI知识引导青少年学习编程,该电子书的出版也标志着出版领域的AI革新到来。但不论是AI在教育还是出版领域的革新影响与应用,对于知识供应、传递链下游的阅读而言都是革新驱动。如语音识别、图像识别等技术应用对阅读行为中信息获取的方式影响、自然语言理解技术应用对人们阅读行为中信息需求的准确表达影响、深度学习技术应用对阅读内容对用户需求的精准匹配影响等。

(二)AI影响下的阅读变革

业界一致认为,AI的发展由计算智能阶段、感知智能阶段和认知智能阶段三大阶段组成,目前正处于第二个发展阶段,即感知智能阶段,AI可以看懂听懂,并做出判断、采取行动,帮助人类完成看和听的相关工作。而在这一阶段的AI应用又分为三个层面:第一个层面为运算智能,指的是机械能存会算;第二个层面是感知智能和运动智能,让机械能听会说,能看会认;第三个层面则是能理解会思考,AI可以通过自然交互、智能学习助推阅读行业进行改变。显然,对人类的阅读来说,AI将进一步推进信息的获取,使得阅读所需要获得的信息可通过即听即见(自动将语音实时转换成文字)、智能协作(通过人工智能的方式,由机器来协助作者进行相应的校稿)和智能创作(通过机器人对大数据判断将情感赋予到创作当中)等有更多更好的承载方式。

从AI对阅读思维的变革来看,首先,AI阅读将跨越时空的限制。AI通过依赖优质的内容和场景应用,让时空不再限制人类对阅读的多器官感知;其次,AI让全方位多感官感知成为一种常规体验。机器语言处理、自然语言理解、信息抽取与知识挖掘、搜索引擎、语音识别等技术将让AI阅读成为一种越来越接近人类语言理解和人脑处理的多感官交流体验,从单一感官感知的单向知识信息传递向基于多器官感知和体验、双向的信息互动乃至信息交流方向发展,最终实现真正的人性化、个性化智慧服务。再次,AI阅读不只是一种信息传递与获取行为,而更是一种生态构建。这是因为传统的阅读方式只是人类获取知识的信息行为,发展至数字阅读时代也都不曾改变,而借助于智慧阅读平台或阅读场景的AI阅读,其构建了一种涉及内容审核、AI实时评估、A1辅助创作、AI客服、文字识别、闪念存储、内容速度拆解、关联阅读、娱乐阅读、用户声音UGC等技术处理环节的"AI阅读"生态。

二、AI 赋能的图书馆阅读推广

作为计算机科学的一个分支，AI 是研究人类智能活动的规律，构造具有一定机器智能的人工系统，研究如何让计算机去完成以往需要人的智力才能胜任的工作，也就是研究如何应用计算机的软硬件来模拟人类某些智能行为的基本理论、方法和技术。从 AI 在教育、出版的应用及驱动产生的 AI 阅读变革来看，需要对传统的劳动密集型、知识集约型阅读重新定义，并据此对图书馆的阅读推广做出新的研判与变革。

(一)AI 让图书馆阅读推广成为无限可能

图书馆承担的阅读推广职责不但是现代图书馆存在的价值之所在，也体现在了近年来制定颁布的一系列法规、规程中。在信息时代、知识时代，图书馆一直都是阅读推广的坚定执行者，AI 时代的到来则进一步拓宽了图书馆阅读推广的边界，赋予了图书馆阅读推广的无限可能。如 AI 让图书馆阅读推广鼓励读者自己建立学习单位、进行主题式的探究学习；AI 让图书馆阅读推广进一步打破了空间、时间限制，把学习、阅读场所延伸至任何一个空间和时间；AI 让图书馆的阅读推广拓宽了知识来源，图书馆员和图书馆在 AI 阅读推广中也一起成长与发展；驱动图书馆在 AI 新技术的帮助之下，探索更多的阅读形式，如阅读的游戏化、阅读的 VAR 体验等；AI 让图书馆阅读推广更加关注用户的个人体验，并通过对读者的阅读创造性思维成果进行评估来改进阅读推广方式等。

(二)图书馆 AI 阅读推广场景的构建与实现

AI 时代，场景落地和技术研发是关键，AI 需要逐个领域去构建应用场景。图书馆 AI 应用场景构建可以分为时间场景构建与空间场景构建两个维度，但从构建的类型来看，则可以分为陪伴式阅读推广场景、自适应阅读推广场景、游戏化阅读推广场景等的构建。

1.陪伴式阅读推广场景

陪伴式的阅读学习一直是传统的家庭阅读推广、校园阅读推广所强调的,而 AI 技术则通过对虚拟的情景角色设置,能让读者在阅读学习中寻找到一位"小伙伴",其不仅能虚拟助读和陪练、相互鼓励和启发,更能通过对读后效果的分析与测算、反馈而提升用户的阅读效果。如想象力英语是由美国少儿英语教学专家、儿童心理学家、前好莱坞团队、IT 专家联袂打造,其通过让孩子体验真实生活、学习情景中如何运用语言,让"小同伴"与孩子一起阅读学习,相互鼓励启发。又如"音乐笔记"就是音乐教育领域的陪练机器人,其通过智能腕带和 APP 结合,利用可穿戴设备和视频传感器,对钢琴演奏的数据进行实时采集分析,并将练习效果反馈和评价呈现给用户。图书馆可以借鉴上述案例,通过第三方平台如 APP 的开发与应用,为图书馆用户的阅读推广构建陪伴式阅读场景,并提供诸如机器答疑、智能提醒、成长定制、内容推送、读后效果测算等方式,让图书馆的用户在智能陪伴下进行阅读与学习。

2.自适应阅读推广场景

自适应阅读就是通过 AI 算法,将获取到的用户阅读学习的数据分析反馈给用户,并可以通过知识图谱等方式进行呈现,可以为用户提供个性化难度和个性化节奏的阅读内容、阅读进度与阅读方式,从而提高用户的阅读效率和学习效果。与传统的阅读推广如书目推荐等是一种粗放型的资源组织与推送,难以做到自适应阅读强调的以个人为单位进行的阅读内容、阅读进度计算与推荐,阅读内容与测评内容的个性化程度不高。图书馆可以借鉴 AI 在教育等领域的典型场景应用,在现有下一代资源发现平台、图书馆智慧服务平台、机构一站式服务系统的基础上进行基于用户阅读场景构建的升级与改造,通过基于用户阅读行为等大数据分析的用户画像构建,为用户提供一个包含了知识图谱、图像识别、语言识别、智能翻译、自然语言集成化处理等数据服务、智慧服务等内容的图书馆智慧阅读服务平台,构建 AI 时代的自适应阅读场景。

3.游戏化阅读推广场景

AI、VAR 等技术的发展让人类对未来生活的虚拟化、游戏化呈现与体验不再困难。VR 游戏通过搭建虚拟环境系统,配合游戏道具,可以让

第七章 图书馆阅读推广创新研究

玩家得到更加真实的线上+线下的沉浸感体验和服务感知,用户可以在一定的空间内通过包括嗅觉、味觉、触觉、听觉和视觉的多器官刺激,以及360度全方位的移动、奔跑、瞄准、射击等动作,提升用户更加真实和刺激的体验效果。其实图书馆已在阅读推广的多个场景构建方面尝试了诸多的游戏化实现、链接方式。AI在出版领域的应用,也为图书馆AI游戏化阅读推广场景的构建提供了现实的基础。图书馆可以借鉴和进一步深化AI的游戏化应用,通过技术的应用和商业化平台引进等方式升级、丰富这些线上+线下场景的构建方式与服务内容,为图书馆的阅读推广注入更大的活力与吸引力。

场景时代五要素包括大数据、移动设备、社交媒体、传感器、定位系统。我国图书馆学研究者则在区别场景要素和场景服务的基础上提出场景服务的核心要素,即用户与用户行为、空间与环境、社交氛围、体验、链接、数据、设备。AI时代的图书馆阅读推广场景也可以借鉴此要素去构建,这也是未来图书馆AI阅读推广的研究方向之一。

AI阅读就是借助Al技术,使得阅读所需要获得的信息可通过即听即见(自动将语音实时转换成文字)、智能协作(通过人工智能的方式,由机器来协助作者进行相应的校稿)和智能创作(通过机器人对大数据判断将情感赋予到创作当中)等更多更好的承载方式实现阅读的AI化。图书馆AI阅读推广就是要聚焦场景,设计出能够发挥图书馆馆藏内容优势的场景。而阅读推广的场景可以是智慧阅读平台,帮助用户实现阅读管理、评估、定制等,也可以是阅读评估系统,通过大数据分析评价用户的阅读能力,并将其数据反馈给用户进行个人的阅读计划、阅读内容和阅读选择的改变,以及上游出版社改良自己的出版产品,并最终驱动教育改变自己的教育生态。同时,在改变上游出版产品和整个教育生态的过程中,由于AI更能很好地理解人的情绪和思维,故图书馆AI阅读推广也不仅能实现对用户需求的精准化匹配推送,更能通过推广服务内容的精准化实现对用户的情绪管理和思维引导,让用户进一步加深对阅读内容的理解和对人工智能思维的培养。

参考文献

[1]朱丹阳.图书馆现代化管理与服务创新研究[M].长春:吉林大学出版社,2022.

[2]张译文.图书馆管理与服务创新研究[M].北京:中国商务出版社,2022.

[3]张伟伟.图书馆管理与服务创新研究[M].哈尔滨:北方文艺出版社,2022.

[4]魏奎巍.图书馆信息化建设与服务创新研究[M].长春:吉林出版集团股份有限公司,2022.

[5]孙建丽.现代图书馆管理与信息技术应用研究[M].沈阳:万卷出版社,2022.

[6]彭德婧,王艾,阴志芳.信息化背景下图书和档案管理创新研究[M].长春:吉林出版集团股份有限公司,2022.

[7]谷慧宇.图书馆管理的创新方法研究[M].延吉:延边大学出版社,2021.

[8]李蕾,徐莉.图书馆管理策略与阅读服务创新研究[M].长春:吉林人民出版社,2021.

[9]狄冬梅,陈刚,赵明杰.大数据时代图书馆管理的创新与发展[M].长春:东北师范大学出版社,2021.

[10]梁艳玲.图书馆服务与管理创新研究[M].长春:吉林教育出版社,2021.

[11]刘斌,林蓉.大数据时代图书馆信息服务创新与管理研究[M].哈尔滨:哈尔滨出版社,2021.

[12]程静,鲁丹,陈金传.技术视角下高校图书馆创新实践[M].上海:上

海社会科学院出版社,2021.

[13]张丽红.现代图书馆建设与创新趋势研究[M].长春:吉林出版集团股份有限公司,2021.

[14]庞余良,董恩娜,温颖.数字化图书馆建设与阅读服务创新[M].长春:吉林人民出版社,2021.

[15]张兆华.新时代图书馆阅读服务途径[M].哈尔滨:黑龙江美术出版社,2021.

[16]宋菲,张新杰,郭松竹.图书馆资源建设管理与阅读服务研究[M].长春:吉林人民出版社,2021.

[17]蓝开强.现代图书馆管理创新实践[M].长春:吉林出版集团股份有限公司,2020.

[18]刘春节.现代图书馆管理创新研究[M].北京:中国财富出版社,2020.

[19]雷天锋.现代图书馆管理的创新性研究[M].长春:东北师范大学出版社,2020.

[20]相前.信息时代下高校图书馆的管理与读者服务创新[M].长春:吉林科学技术出版社,2020.

[21]凌霄娥.图书馆管理艺术与信息化应用研究[M].西安:西北工业大学出版社,2020.

[22]张海波.智慧图书馆技术及应用[M].石家庄:河北科学技术出版社,2020.

[23]吴环伟.图书馆文献资源建设与共享服务创新[M].长春:吉林出版集团股份有限公司,2020.

[24]乔红丽.图书馆信息管理与多元化发展研究[M].长春:吉林大学出版社,2020.

[25]施强.大数据、知识服务与当代图书馆学[M].杭州:浙江大学出版社,2020.

[26]刘惠兰.现代图书馆管理创新[M].长春:吉林出版集团股份有限公

司,2019.

[27]孙桂梅,刘惠兰,王显运.图书馆管理与服务创新研究[M].北京:现代出版社,2019.

[28]师美然,张颖,张雯.图书馆创新与现代管理研究[M].长春:吉林人民出版社,2019.

[29]任杏莉.图书馆管理与服务创新研究[M].长春:吉林科学技术出版社,2019.

[30]曲凯歌.图书馆服务创新与管理研究[M].郑州:郑州大学出版社,2019.

[31]袁萍.图书馆管理策略与阅读服务创新研究[M].沈阳:辽海出版社,2019.

[32]李科萱.图书馆管理与信息服务[M].北京:光明日报出版社,2019.

[33]孙爱秀.图书馆管理与信息应用[M].沈阳:沈阳出版社,2019.

[34]查道懂.图书馆管理学[M].长春:吉林文史出版社,2019.

[35]马利华.图书馆信息管理与服务研究[M].延吉:延边大学出版社,2019.